Hablemos de nosotras

CARLOTA CORREDERA

Hablemos de nosotras

Grijalbo

Papel certificado por el Forest Stewardship Council®

MIXTO
Papel procedente de fuentes responsables
FSC® C117695

Primera edición: noviembre de 2019

Printed in Spain – Impreso en España
Diseño y maquetación: Penguin Random House Grupo Editorial

ISBN: 978-84-17752-01-9
Depósito legal: B-17.727-2019
Impreso en Gráficas Estella
Villatuerta – Estella (Navarra)

DO 5 2 0 1 9

Penguin Random House Grupo Editorial

A todas las mujeres de mi vida,
en especial a mi abuela Maruja,
mi madre Elisa y mi hija Alba

Índice

Las cifras del machismo en España*

Más de la mitad de la población española es mujer, el **50,98 %**

El **54,4 %** de los estudiantes universitarios españoles son mujeres

Menos de un **30 % de los estudiantes** de carreras técnicas y científicas son mujeres

En España se denuncia una violación **cada cinco horas**

1.020 mujeres han perdido la vida a manos de sus parejas o exparejas en España desde 2003

La violencia machista ha dejado **264 huérfanos** en España desde 2003

45 mujeres han sido víctimas de la violencia de género en 2019

Los asesinos de estas mujeres que eran madres **dejaron huérfanos a 33 hijos** en 2019

Se calcula que el **80 % de las mujeres asesinadas** no denunciaron

Solo el **0,01 %** de las denuncias por malos tratos son falsas

En España, el **18,9 % de los niños** quieren ser futbolistas, mientras que el **30,3 % de las niñas** quieren ser profesoras

Las mujeres españolas **cobran un 22 % menos** que los hombres

3,2 millones de trabajadoras no llegan al salario mínimo

Las madres cogieron el **92,3 %** de las excedencias por cuidado de hijos

La maternidad penaliza laboralmente a las mujeres: **400.000** dejan de trabajar a tiempo completo por no poder conciliar

Se calcula que la igualdad salarial **se alcanzará en 2088**

Las mujeres dedican **4,5 horas diarias** a tareas del hogar y cuidados

Las jubiladas españolas cobran de media **450 euros menos** de pensión que los jubilados

El **90 % de las víctimas** de acoso laboral son mujeres

2.484 mujeres denunciaron haber sufrido acoso sexual en el trabajo entre **2008 y 2015**

Se estima que más del **65 % no da el paso de denunciar** estas situaciones

En España, solamente hay **un 30 % de mujeres directivas y un 18 % en consejos de administración**

El 70 % de las empresas estatales españolas están dirigidas por hombres

Faltan 200 años para alcanzar la igualdad real de género: llegaría en 2219

*Todos los datos aportados son hasta el 1 de octubre de 2019

Antes de hablar de nosotras...

... permitidme que os cuente una historia, la del origen de este libro. En plena resaca emocional y mediática de la publicación de *Tú también puedes*, mi editora, Teresa Petit, me propuso volver a escribir. Sinceramente, no me apetecía en absoluto. Todavía estaba digiriendo las repercusiones, algunas perversas, de haberme desnudado públicamente sobre mi relación complicada y tóxica con la comida. En la contraportada de mi primer libro escribí: «No quiero ser ejemplo de nada pero me haría muy feliz que mi experiencia inspirara a las personas que lo necesitan, a las que sufren una enfermedad tan incomprendida como dolorosa». Me consta, y esto es lo más importante para mí, que he animado a muchos lectores a pedir ayuda para luchar contra su obesidad o sobrepeso. Vaya por delante que el verdadero objetivo del libro está conseguido. Y no, no me refiero al éxito editorial que supone sacar a la calle diez ediciones: el triunfo era concienciar sobre una enfermedad que se extiende sin freno por nuestro país y, también, dar esperanza. Nunca imaginé que mis sanas intenciones se tornarían contra mí y contra mi mensaje casi desde el principio. Han pasado muchos meses y muchas cosas desde mayo de 2017. He leído y escuchado mucha basura sobre mí, y no solo en las cloacas de las redes sociales. No ha sido un camino fácil, hay que tener la cabeza muy bien amueblada y un entorno muy sano para sobreponerte a tanto escarnio y escrutinio implacable sostenido en el tiempo.

Este verano, Christine Lagarde, presidenta del Banco Central Europeo y una de las mujeres más poderosas del mundo, declaraba en una entrevista a *Yo Dona*: «A las mujeres no se nos perdona nada». En cuanto leí ese titular, me vino a la cabeza una frase que me dijo un amigo sobre mi tormenta mediática: «Todo esto te ha pasado porque eres mujer, a un hombre nunca se lo harían». Me quedé de piedra. ¿Sería posible? ¿De verdad que se me ha atacado, cuestionado y machacado tanto por ser mujer? No me lo podía creer, no quería creérmelo. Me parecía demasiado simplista. Me sonaba a excusa similar a la de «eso te pasa porque te tienen envidia». Demasiado cutre para ser verdad. Pero lo cierto es que la realidad puede ser a veces muy cutre, muy mediocre y muy machista.

En la presentación de *Tú también puedes*, mi amigo Óscar Cornejo apuntó que, más allá de los kilos físicos, escribir sobre mis demonios me había ayudado a soltar «mucho peso emocional». No le faltaba razón. Lo que nunca calibré es que abrirse en canal te puede salir muy caro si no te proteges bien. Mi sensatez y madurez no fueron suficientes escudos para resguardarme de la sobreexposición que acompañó mi meteórico ascenso en el ranking del interés público. Las heridas están casi cicatrizadas. El aprendizaje ha sido enorme, he perdido bastante inocencia pero he salido reforzada. Ya no soy la misma persona: soy mucho más fuerte, tanto como para volver a embarcarme en la locura de escribir un libro. Tanto como para decir sí, estoy dispuesta a volver a las trincheras. La causa vale mucho la pena, creo en ella firmemente.

Hace muy poco tiempo que desperté al feminismo. Era feminista pero no lo sabía, lo era pero no lo decía. El 8 de marzo de 2018 acudí junto con una gran amiga a la lectura del «Manifiesto de las

Hablemos de
nosotras

periodistas» en la plaza de Callao, en Madrid. Nunca hemos estado cerca ideológicamente, más bien en las antípodas, pero ahí estábamos las dos, juntas, de la mano, reivindicando una sociedad mejor para nosotras y para nuestros hijos. Hartas de sentencias machistas, de brechas salariales, de techos de cristal y de la imposible conciliación para las madres que trabajan dentro y fuera de casa. Secundamos la huelga siendo conscientes de que éramos y somos unas privilegiadas, de que debíamos estar ahí por las que no podían permitirse faltar a sus trabajos. Fue uno de los días más bonitos de mi vida. Un gigantesco baño de sororidad. Por la tarde, en la manifestación, junto con otras buenas amigas, recorrimos las calles del centro de Madrid descubriendo a cada paso escenas inolvidables: adolescentes en pie de guerra, abuelas reclamando lo que nunca tuvieron, padres con sus hijas en brazos, mujeres llorando al no sentirse solas... Fue impresionante.

«El feminismo triunfará si es transversal y tiene a los hombres como aliados. Solo junto a ellos alcanzaremos la igualdad real.»

El libro que hoy tienes en tus manos empezó a gestarse ese día, en silencio, lentamente. Cuando preparaba las maletas para este viaje, el destino era muy distinto: estaba bastante más cerca y requería menos horas de vuelo. Pero la aventura es la aventura y me dejé llevar. Hay mucho cariño y trabajo en estas páginas. Y mucha valentía: la de las once personas que accedieron a charlar y a ponerse a mi lado en la primera línea de fuego. La mayoría conocen bien el olor de la pólvora mediática. Pero sin personas que den la cara, no hay avance posible. Sin personas que den un paso adelante, la igualdad se reducirá a un día en el calendario. *Hablemos de nosotras* son once conversaciones que he disfrutado intensamente. Siempre he considerado que hablar es balsámico, bendigo cada día a mi gen extrovertido que me ha ahorrado muchas horas de terapia profesional. Las entrevistas son, sin duda, mi género periodístico favorito. Y estas se han realizado en profundidad y aparecen acompañadas de una semblanza en la que reflejo mi mirada sobre las nueve mujeres y los dos hombres que han aceptado hablar de nosotras.

En este libro se entonan once voces muy diferentes. Algunos nombres son muy conocidos y otros lo serán pronto: una futbolista transgénero, un actor, una actriz, una líder humanitaria, una cantante, una expresidenta autonómica, un juez, una consejera del Ibex 35, una abogada y activista, una expolicía y concejala, y una youtuber madre de siete hijos. A todos los he invitado a una charla de esas que se tienen con los amigos para arreglar el mundo. Porque nunca se había hablado tanto de feminismo. Nunca se había hablado tanto de igualdad. Nunca se había hablado tanto de nosotras. En un momento clave para las mujeres, once personalidades se mojan: Alba Palacios, Alberto San Juan, Anabel Alonso, Anna Ferrer, Chenoa, Cristina Cifuentes, Joaquim Bosch, Laura G. Molero, Miriam González, Sonia Vivas y Verdeliss. En *Hablemos de nosotras* se reflexiona y conversa con mujeres pero también con hombres, porque la discriminación de género, la conciliación, la corresponsabilidad en la crianza de los hijos, los techos de cristal y la violencia machista son problemas de todos. Con este libro pretendo que las mujeres que lo lean se sientan más comprendidas y más ligeras ante los pesos emocionales que cargan cada día y que los hombres nos entiendan mejor y se unan en esta marcha imparable hacia la igualdad real.

«Ser feminista no es ser enemiga de los hombres. Amo a los hombres de mi vida. No estoy contra todos los hombres, estoy contra los hombres malos que les hacen daño a las mujeres.»

Un apunte importante

En pleno proceso de documentación de este libro, se publicó en *El País* un artículo de mi idolatrado Manuel Jabois que me impactó muchísimo. Se titulaba «Sesé aún no dijo la última palabra» y contaba la historia de Sesé Mateo, una víctima de la violencia machista que había sido asesinada en 2017 por su expareja y padre de su hijo pequeño en Chapela, muy cerca de Vigo. El asesino de Sesé hizo volar su casa con la detonación de dos bombonas de butano y un bidón de gasolina. Su cadáver apareció junto al de su víctima. De la brutal explosión solo se salvaron una serie de poemas que Sesé había escrito y que están recopilados en el libro *No camiño do vento* («En el camino del viento»). Su hijo Joshua Alonso, quien se hizo cargo de su hermano pequeño, Igor, huérfano de madre y padre tras el asesinato de Sesé, ha decidido destinar todo lo que se recaude de la venta del poemario de su madre al Fondo de Becas Soledad Cazorla Prieto, que gestiona la Fundación Mujeres para ayudar a los huérfanos de la violencia machista.

Joshua ya removió conciencias cuando acudió al Senado en mayo de 2019: «Con veinticinco años me tocó ocuparme de mi hermano pequeño [...]. Me siento abandonado, mi hermano de diez años está abandonado [...]. He tenido que llamar a un laberinto de puertas para solucionar diversos trámites: el seguro de una casa a nombre de un asesino que no se hace cargo porque fue suicidio; [...] la cancelación de deudas, la tutela de mi hermano [...]. Mil y un trámites con el desembolso económico que conllevan». Cada vez que se informa de un nuevo asesinato de violencia machista, damos por hecho que la familia se tiene que hacer cargo de esos huérfanos y ya está. Nos despreocupamos. Gracias a Joshua, he descubierto una realidad que me ha conmovido profundamente. Una de las grandes motivaciones para escribir este libro me la ha enseñado él. Parte de los beneficios de *Hablemos de nosotras* van al Fondo de Becas Soledad Cazorla Prieto para que los huérfanos de la violencia machista se sientan un poco menos abandonados.

Anna Ferrer
Cristina Cifuentes
Alberto San Juan
Miriam González
Joaquim Bosch
Anabel Alonso
Alba Palacios
Laura G. Molero
Sonia Vivas
Verdeliss
Chenoa

Anna Ferrer

Presidenta de la Fundación Vicente Ferrer

«Si la India fuera una persona, sería una mujer. Si fuera una acción humana, sería una mirada. Como mujer, me emociona haber luchado junto con las mujeres indias para que su mirada no tenga límites.»

Anna Ferrer

Essex, 1947

Posiblemente, Anna Ferrer sea la mujer viva a la que más admiro. Llegó a la India desde Inglaterra siendo una adolescente. Con veintiún años conoció a la persona que cambiaría su vida, y la de millones de personas, para siempre. Durante una entrevista al jesuita Vicente Ferrer, Anne Perry dejó de soñar con ser periodista y comenzó a abrazar el sueño más íntimo de aquel hombre: un mundo mejor era posible, partiendo incluso de la nada. Vicente y Anne se enamoraron y se entregaron apasionadamente a la causa más noble: erradicar la pobreza extrema en el lugar más paupérrimo de la faz de la tierra, la India rural de finales de la década de 1960. Una utopía, una misión solo apta para locos visionarios. Hoy, cincuenta años más tarde, la Fundación Vicente Ferrer presume de su milagro: dos millones y medio de personas han logrado salir de la miseria más absoluta en la que nacieron y crecieron. Dos millones y medio de vidas dignificadas. Y entre esos dos millones y medio de almas, cientos de miles de mujeres y niñas que dejaron de ser invisibles para sus familias y sus comunidades.

Cuenta Anna Ferrer que descubrió en primera persona la discriminación de género en la India cuando presenció como solo se celebraba el nacimiento de su único hijo varón, Moncho, mientras el silencio recibía la llegada de sus otras dos hijas, Tara y Yamuna. Sería la primera señal de un drama de dimensiones gigantescas. A pesar de que en la India es ilegal conocer el sexo del bebé durante el embarazo, se calcula que se han practicado decenas de millones de abortos selectivos de niñas en el país, 10 millones en los últimos veinte años, que afectan a todas las castas y clases sociales. A estos datos habría que sumar los millones de niñas que fallecen por desatención o falta de cuidados al poco de nacer. En el caso de las familias más pobres, lo que quieren es evitar el pago de la dote a la familia del futuro marido de sus hijas: en la India rural, el 56 por ciento de las menores se casan antes de los dieciocho años. Tener varones es, sin embargo, una bendición para las familias, ya que ellos son los que heredan el apellido familiar, la tierra y se les considera un seguro para la vejez de los padres. Anna y Vicente se dieron cuenta muy pronto de que, si no lograban romper el ciclo de discriminación y violencia al que estaban sometidas las mujeres indias, su proyecto de desarrollo sería imposible. Sin ellas, el futuro no existiría.

Anna y Vicente trabajaron juntos y se amaron incondicionalmente durante más de cuarenta años. Muchos pensaban que, sin Vicente, su sueño y la Fundación morirían con él. Una década más tarde, la inteligente, tenaz, bondadosa, luchadora y comprometida Anna Ferrer ha acallado todas esas voces. Nunca dudó de ella misma ni de su equipo. Su fortaleza parece inquebrantable. En persona es imponente. Predica con el ejemplo y todo a su alrededor respira austeridad. Cada céntimo de euro es para la obra. Siempre se emociona al recordar a Vicente y todo lo que juntos lograron. También se le empañan las gafas cada vez que recuerda las miradas de agradecimiento que le lanzan a su paso todas las personas a las que ha entregado su vida. En especial, las miradas de ellas.

La Fundación Vicente Ferrer celebra este año su cincuenta aniversario. Anna, me gustaría que cerrases los ojos y me dijeses qué imagen te viene a la mente si piensas en ese medio siglo de vida de la Fundación.

Son dos imágenes las que me vienen a la mente. La primera es cincuenta años de muchísimo trabajo: día tras día, mes tras mes, año tras año, muchísimo trabajo. La segunda es la más importante: los resultados que veo. Después de cincuenta años, habiendo puesto todo en marcha desde cero, partiendo de una pobreza muy extrema, hoy en día la dignidad y la igualdad de la gente que me rodea son mejores. Eso es para mí la felicidad.

Este 2019 es muy especial, no solo por ese cincuenta aniversario de la Fundación, sino porque además se cumplen diez años del fallecimiento de Vicente. Has declarado en muchas ocasiones que sientes que él siempre está contigo. ¿Cómo llevas su ausencia física?

Qué difícil es explicar esto. Yo viví cuarenta y un años con Vicente, desde que tenía veintiuno. Cuando murió, yo tenía sesenta y dos años. Pasamos todo ese tiempo juntos, todos los días con Vicente durante tantos años, juntos en casa, juntos en el trabajo, un trabajo que nunca acababa porque en casa seguíamos hablando de trabajo: qué más podemos hacer, cómo está la gente, qué nuevos proyectos podemos desarrollar... Convivir tan intensamente durante tantos años con alguien cuyo motor vital es demostrar que es posible erradicar la pobreza extrema y resolver las injusticias de este mundo fue una experiencia tan fuerte que su ausencia física no me pesa porque para mí Vicente está físicamente conmigo.

De alguna manera, Vicente lo impregna todo, no se ha ido, está siempre ahí.

De todas las formas posibles está aquí. Vicente era una persona repleta de cualidades: sentido del humor, compasión, amor por su familia, por la gente y por mí. No sé si suena raro, pero está física, moral y mentalmente siempre conmigo.

¿Pero nunca has pensado en estos diez años: «Vicente, qué no daría yo por un abrazo tuyo»?

Si algo echo de menos de Vicente, más que un abrazo, es su alegría y positividad y, por supuesto, su opinión cuando tengo un problema o algo complicado que resolver. Vicente era un hombre que estaba siempre alegre, éramos felices todo el rato. A pesar de no tenerle ya a mi lado, sigo siendo feliz y sus ideales y convicciones siguen presentes en todo lo que hacemos y hago en Anantapur.

> «Hoy en día la dignidad y la igualdad de la gente que me rodea son mejores. Eso es para mí la felicidad.»

Diez años hace que se fue Vicente y la Fundación goza de una excelente salud y fortaleza, se podría decir que contigo, Anna, se cumple tu propia frase que reza «Un gran hombre siempre tiene a su lado, y no detrás, a una gran mujer».

Nunca pensé que sin Vicente la organización no seguiría adelante, ni por un momento. Creo que hay muchas personas que piensan que vine con Vicente a la zona más pobre de la India rural como pareja, pero no fue así. Yo vine a Anantapur como voluntaria por mi propia inquietud, por mi compasión por los demás. Con veintiún años pensaba que podía hacer algo por mejorar el mundo, desde el primer día aquí tuve mi propia identidad, no fui «la mujer de». Así que no pienso mucho en si las grandes mujeres estamos al lado o detrás de los grandes hombres.

¿Y nunca tuviste dudas sobre la continuidad de la Fundación sin Vicente?

No, nunca dudé. Cuando murió, yo sabía que aquí en la India la gente estaba convencida de que íbamos a continuar trabajando como si él

siguiera con nosotros. En España dudaban de nuestra capacidad porque no conocían cómo trabajábamos y muchas personas se cuestionaban nuestra continuidad sin Vicente, pero yo nunca dudé de que seguiríamos adelante.

Posiblemente, esa seguridad en tu propio trabajo sea la clave para que hayáis conseguido continuar la labor de la Fundación.

En 1969, Vicente nos inculcó a mí y a otros dos voluntarios locales dos ideas: la primera, que la pobreza extrema se podía erradicar, que no era un sueño imposible. La segunda era que todos tenemos la responsabilidad de hacer algo para resolver el sufrimiento en este mundo y, por muy pequeña que sea esa acción, todos estamos obligados a asumir esa responsabilidad. Ahora, cincuenta años después, sé, porque lo he visto, que sus palabras eran ciertas. He visto cómo cientos de miles de personas en la India tienen una vida digna gracias a la solidaridad de los colaboradores que aportan su grano de arena para demostrar que otro mundo es posible. Si Vicente logró convencerme y demostrarme algo que yo creía imposible, ¡cómo voy a dudar de nuestra capacidad para seguir su obra sin él!

Vuestro personal en Anantapur y en España dice algo muy bonito de Vicente y de ti como pareja: «Formaban un equipo perfecto en el que Vicente soñaba y Anna ejecutaba sus sueños». ¿Te sientes reflejada en esta definición?

De alguna manera, así fue cómo funcionamos los primeros años, sí. Vicente soñó desde muy joven con ayudar a todo el mundo y cuando llegó a la India todo el mundo necesitaba ayuda. Deseaba cumplir sus sueños y poner en marcha todos sus programas de desarrollo y yo era la persona que siempre pulía los detalles para poder ejecutarlos, de ese modo, formábamos un buen equipo. Con los años, Vicente valoró más lo complejo de mi trabajo y yo con los años también aprecié más su visión creativa. Al final aprendimos mucho el uno del otro.

Al final hicisteis un milagro. Admiro mucho vuestra obra y poder conocerla de primera mano en Anantapur me hizo admiraros todavía más. De hecho, cada primero de mes cuando compruebo mis movimientos bancarios el único cargo que me hace feliz son las cuotas de apadrinamiento de las tres ahijadas de mi familia.

Esa es la verdad de todo esto, esa contribución de cada persona como tú es la que nos da los medios para poder hacer todo lo que hemos hecho en la India. Muchos padrinos me preguntan: «¿Qué se puede hacer con veinte euros al mes?», y yo contesto que, cuando mucha gente hace esa aportación al mes, no hay límite en lo que podemos hacer con ello.

Hemos viajado en el tiempo cincuenta años atrás para recordar los inicios de la Fundación, pero ahora quiero llegar hasta tu infancia en Essex. ¿Cómo eras de niña, Anna?

Tengo setenta y un años, no me acuerdo, Carlota [se ríe]. Creo que no cambiamos mucho en la vida, soy una persona que está siempre feliz, no quiero decir que sea ciento por ciento feliz, pero soy muy feliz. Muchas veces me levanto por la mañana y me digo: «Anna, ¿por qué estás tan feliz si no ha pasado nada especial?». Soy una persona muy feliz porque fui una niña muy feliz. Siempre sentí mucha compasión por las personas que sufrían y por los animales. Además, desde pequeña he tenido mucha paciencia, en eso no he cambiado demasiado.

¿Quiénes eran tus referentes familiares entonces?

La verdad es que lo pienso y no sé qué decirte. Solo tenía a mí madre y ella estaba enferma de esquizofrenia. No tenía padre y mis hermanos varones eran mucho mayores que yo. Tan solo tenía cerca a mi madre y a una hermana tres años mayor. No recuerdo contar con ningún referente, pero me gustaba mucho leer. Leía mucho a Enid Blyton y a James Herriot. James era un veterinario en la Inglaterra de los años treinta, cuando no había personas cualificadas en el cuidado de los animales en la campiña inglesa. Escribió muchísimos libros, me los he leído todos. Enid Blyton escribió también muchísimas novelas de aventuras en las que me refugiaba mucho de niña. Supongo que esos libros y esos autores serían mis referentes por entonces.

> «Muchas veces me levanto por la mañana y me digo: "Anna, ¿por qué estás tan feliz si no ha pasado nada especial?". Soy una persona muy feliz.»

Este libro habla de mujeres y me gustaría poner el foco en las cargas emocionales. ¿Sientes que hayas cargado con algún peso emocional a lo largo de tu vida?

He reflexionado mucho sobre esa cuestión y la verdad es que no, no siento que haya cargado ni que cargue con ningún peso. Es cierto que hay situaciones que me han sucedido por ser mujer pero no las he sentido como una carga. Cuando llegué a Bombay con dieciséis años no fui consciente de la fuerte discriminación que hay en este país contra las mujeres. Fue cuando conocí la India rural, aquí en Anantapur, cuando empecé a tomar conciencia de las grandes diferencias de género: las familias solo querían tener hijos varones.

Cuando nació mi primera hija no noté que nadie reaccionara de manera extraña. Sin embargo, cuando nació Moncho, enseguida se lo llevaron corriendo a Vicente para celebrar con él la llegada de un varón a la familia. Con mi tercera hija pude confirmar esa diferencia de actitud ante el nacimiento de un niño o de una niña. En los inicios de la Fundación, cuando iba a los pueblos y preguntaba a las familias cuántos hijos tenían solo me decían cuántos hijos varones había en la familia, ni mencionaban a las hijas, no existían. En su pensamiento, una niña desde que nace pertenece a la familia de su futuro marido. Después de cincuenta años aquí, hoy en día, si hago la misma pregunta a una familia de Anantapur me contestan con el número de hijos varones que tienen y, tras una pausa, me dicen también cuántas hijas tienen. Las reconocen, pero todavía hay una pausa que las separa de sus hermanos.

Así estaban entonces las niñas, pero ¿cómo era la situación de las mujeres cuando llegaste a la India?

Las mujeres no tenían voz ni en la casa ni en la comunidad. Sus opiniones no eran importantes, nadie les preguntaba ni siquiera si querían tener hijos o casarse. No tenían opinión para nada, sus salarios eran íntegros para sus maridos, sufrían de muchos problemas de salud derivados de los embarazos, muchas de ellas tenían una media de quince embarazos a lo largo de su vida. Ni tenían voz propia ni identidad. Sufrían discriminación a todos los niveles; el cincuenta por ciento de la población de la India estaba silenciada y anulada.

Me consta que hay casos especialmente dramáticos como el de las viudas que son estigmatizadas por sus vecinos, ya que las acusan de ser portadoras de la mala suerte que han tenido sus maridos.

Sí, hay muchas costumbres terribles que lleva mucho tiempo poder cambiar. Hay castas en las que, por ejemplo, una mujer, cuando menstrúa o durante los meses después de dar a luz, debe vivir fuera de la casa por considerarla impura. Mujeres recién paridas que tienen que pasar el complicado postparto en chozas en pésimas condiciones de higiene y salubridad. Por suerte, hemos conseguido que en muchos de los pueblos en los que nos hemos asentado esas horribles tradiciones desaparezcan, pero hay comunidades de la India más profunda en las que se mantienen estas prácticas. Desde la Fundación organizamos muchos talleres de concienciación sobre todos estos temas, foros donde es posible cambiar la opinión de la gente aunque es un trabajo realmente arduo.

¿Cómo conseguisteis llegar a esas mujeres, cómo rompisteis ese muro de discriminación que las rodeaba?

Los primeros años ni siquiera podía dirigirme a las mujeres en los pueblos, teníamos que hablar con ellas a través de sus maridos. Poco a poco y con mucho esfuerzo, los hombres confiaron en nosotros lo suficiente como para dejarnos trabajar directamente con sus mujeres. En aquel momento tampoco empezamos hablando con ellas de libertad, igualdad o machismo. El punto de partida eran temas más cotidianos pero de gran trascendencia: educación, valores, la higiene de los niños... Ahora y después de cincuenta años de trabajo, en los pueblos podemos hablar de cualquier tema.
Por ejemplo, si hay una familia que va a casar a su hija con quince años, podemos ir y explicarles que es ilegal y hacerles entrar en razón. Nos hemos ganado el respeto y la confianza como culmen a un esfuerzo de muchísimos años.

Es una revolución silenciosa.

Sí, ha sido un proceso muy largo y muy lento pero hoy en día las mujeres jóvenes hablan en un escenario con un micrófono sobre igualdad, sobre los derechos que deben tener como cualquier hombre y lo hacen dirigiendo su voz hacia ellos. Es un gran cambio pero queda mucho por hacer, en especial con la violencia contra las mujeres, que en la India es un gravísimo problema nacional.

¿Crees que la clave para acabar con la violencia contra las mujeres está en la educación?

Desde luego que la educación tiene un papel fundamental y nosotros lo hemos comprobado con las nuevas generaciones que han accedido a estudios superiores y que ya no piensan como sus padres ni sus abuelos. Pero además de la educación es clave la legislación contra la violencia machista y más aún su conocimiento por parte de la población. En un país tan grande como la India es vital que cualquier persona, viva en el rincón de la India que viva, sepa que tiene derechos y leyes que la amparan. El conocimiento y la concienciación sobre la igualdad entre mujeres y hombres es algo que a veces falta y es absolutamente necesario.

¿Qué importancia crees que tiene la mujer en el milagro de la Fundación?

La gran mayoría de los programas de desarrollo están liderados por mujeres. ¿Sabes por qué? Porque tanto las ONG como las administraciones públicas confiamos más en ellas que en sus

maridos. Está demostrado que las mujeres administran de manera más óptima los recursos para sus familias, y no digo que los hombres no estén capacitados para ello, pero la experiencia nos ha demostrado que en la India los hombres tienen sus propios intereses mientras que las mujeres solo tienen el interés de la familia.

«Los primeros años ni siquiera podía dirigirme a las mujeres en los pueblos, teníamos que hablar con ellas a través de sus maridos.»

¿Te consideras feminista?

Sí, me considero feminista porque creo en la igualdad entre hombres y mujeres, y he trabajado toda mi vida para ello, codo con codo con las mujeres pero también con los hombres. Defiendo la importancia de tenerlos como aliados porque hay hombres que quieren luchar con nosotras para alcanzar la igualdad. Es imposible que logremos la igualdad de género a menos que los hombres también se comprometan en esta causa. Hemos trabajado muchísimo para conseguir los avances que hoy tienen las mujeres en la India. Hemos promovido su acceso a la educación y luchado sin cuartel por su independencia económica y, hoy, esas mismas mujeres levantan su voz, encabezan manifestaciones y tienen un lugar en la comunidad. Para ello, en los últimos años hemos organizado charlas sobre igualdad y talleres de concienciación para mujeres pero también para hombres jóvenes, ya que es más fácil obrar un cambio con ellos.

¿Tú crees que Vicente hoy se declararía feminista?

Vicente era una persona que estaba absolutamente a favor de la igualdad entre mujeres y hombres, a favor de su inclusión en todos los programas de la Fundación y muy a favor del desarrollo de las mujeres.

Eres madre de dos hijas, Tara y Yamuna, y de un hijo, Moncho, actual director de Programas de la Fundación. ¿Has educado exactamente igual a Moncho que a sus hermanas?

Exactamente igual, los tres han recibido la misma educación desde el colegio hasta la universidad y les hemos inculcado los mismos valores.

Vicente y tú decidisteis que vuestros hijos estudiasen en la misma escuela donde acudían los niños de Anantapur. El nivel académico era muy bajo pero eran muchos los valores que podían adquirir, ¿verdad?

Si tuviera que tomar la misma decisión, lo haría igual. Es cierto que en Anantapur no había el mejor nivel académico pero fue la mejor escuela para aprender de la vida, de la desigualdad y para entender la pobreza y la riqueza desde la infancia, así como sus causas, y eso es para mí muy importante. Ha sido un aprendizaje vital en su crecimiento como individuos. Mi hijo y mis dos hijas son personas muy conscientes del mundo en el que viven.

En una entrevista declarabas que para ti el trabajo, la Fundación Vicente Ferrer, es lo primero. ¿Nunca has tenido una conversación con tus hijos sobre este tema?

Creo que mis tres hijos valoran muchísimo la labor que sus padres hemos hecho en la India y han crecido siendo conscientes de mi lucha personal por intentar estar en casa cuando ellos volvían de la escuela. El entorno en el que se han criado les ha forjado como tres personas compasivas y conscientes de las verdaderas causas de la pobreza. Sé que están muy orgullosos de formar parte de esta gran obra y nunca me han reprochado nada, sino al contrario, lo comprenden y respetan. Hoy, mis hijas han antepuesto sus familias al trabajo fuera de casa pero entienden perfectamente a las mujeres que no lo hemos hecho.

¿Sientes que te has perdido algo? ¿Crees haber renunciado a algo en favor de vuestra obra?

Nada, nada, nada. No he renunciado a nada. Volvería a hacerlo todo exactamente igual, ¡y más! ¡Si volviese atrás, solo sería para intentar hacer mucho más!

Tienes seis nietos. ¿Cómo eres como abuela?

Pues no tengo mucho tiempo para ejercer de abuela, la verdad, pero me encanta cocinar para ellos cuando puedo. Mis nietos me dicen que les gusta mucho charlar conmigo. Los padres, con todas sus responsabilidades, no disponen de demasiado tiempo para escuchar a sus hijos. Los abuelos sabemos escuchar bien y también guardar secretos.

Eres la presidenta de la Fundación Vicente Ferrer, eres una mujer con una enorme responsabilidad y de la que dependen muchísimas personas en España y en la India. ¿Qué cualidades consideras que tenemos las mujeres como líderes?

Liderar es una gran responsabilidad que requiere, tanto para hombres como para mujeres, de una serie de cualidades como tener sentido común, inteligencia, saber trabajar en equipo, tener visión... Creo también que un buen liderazgo es aquel que pone la vida en el centro, que cuida de los demás y de una misma. Que se preocupa y toma las decisiones basándose en el bien común. Para ese liderazgo pienso que las mujeres contamos con una mayor habilidad, al igual que para fijarnos en los detalles. Tener visión estratégica es esencial para ser líder pero creo que nosotras sabemos ver los detalles, esas pequeñas cosas dentro de la imagen global que son esenciales para lograr el éxito.

Aquí en España se habla, cada vez más, de la palabra conciliación. Poder desarrollarte como profesional sin renunciar a involucrarte en la crianza de los hijos. Las cifras avalan que la maternidad penaliza a

las mujeres a la hora de crecer profesionalmente. Muchas renuncian a liderar en sus trabajos porque es imposible conciliar la vida profesional con la personal. ¿Cómo se enfoca desde la Fundación este grave problema?

Todas las mujeres que tenemos hijos luchamos por ello. Luchamos por ser buenas madres y a la vez brillantes en nuestro trabajo. Cada vez más hombres asumen que la conciliación es cosa de los dos aunque aquí en la India el proceso está siendo aún muy lento. Es vital el papel de las empresas en este tema. En la Fundación apoyamos a las madres trabajadoras con ayudas económicas para que puedan contratar a alguien que las ayude en la crianza y en las tareas domésticas durante el primer año tras su baja de maternidad.

Aquí en España a las mujeres se nos dice continuamente que debemos tener más hijos para poder mejorar las condiciones demográficas del país pero no se nos facilita poder conciliar la maternidad y la vida laboral.

¿Cuántos meses de baja de maternidad tenéis en España?

Dieciséis semanas, unos cuatro meses.

En la Fundación hemos estipulado seis meses de baja por maternidad y, al reincorporarse al trabajo después de ese periodo de tiempo, se las ayuda con dos mil rupias al mes para contratar a una persona para poder conciliar. Estamos también pensando en poner en marcha una guardería en la organización para que las mujeres puedan tener cerca a sus bebés durante su jornada laboral.

¿Quién es la mujer a la que más admira Anna Ferrer?

Me viene a la cabeza Helen Keller, una mujer ejemplar, que, a pesar de ser sordociega a principios del siglo xx, fue una importante activista de los derechos de las mujeres y los trabajadores y también de las personas que, como ella, carecían de vista y oído. Absolutamente inspiradora. Otra mujer que admiro muchísimo es

Rosa Parks. Con solo una acción, con solo un gesto, esa negativa a cederle su asiento en el autobús a un hombre blanco, comenzó una revolución contra la segregación en Estados Unidos entre los estadounidenses blancos y los afroamericanos. Hay gestos que cambian el mundo.

¿Hay algún hombre, además de Vicente, a quien admires profundamente?

Mahatma Gandhi y Nelson Mandela.

Me contabas antes, que a los setenta y un años eres igual que esa niña que se crio en Essex. Si pudieses hablar ahora con la pequeña Anna, ¿qué consejo le darías?

Le diría que hay que ser siempre positiva porque cuando eres una persona positiva todo es posible. Todo lo que sueñas lo puedes lograr. Le diría a esa niña que no hay nada imposible en este mundo.

Sé que estás continuamente pensando en mejorar la vida de la gente, que te acuestas y te levantas con ello en la cabeza, pero ¿qué grado de responsabilidad sientes que tienes sobre el futuro de las niñas de la India?

Cuando me planteo todos los programas de desarrollo que debemos implementar en los próximos cincuenta años, las niñas son mi prioridad. Pienso en todas las posibilidades de futuro que tienen y también soy consciente de los obstáculos que deben superar. Hace poco, una chica me escribió en una carta: «En la India ganamos la independencia, pero no las mujeres. A través de la educación, yo la he logrado». Pienso mucho en ella, pienso en el trabajo que tenemos por delante para que sean felices, independientes, para que vivan en igualdad.

Esta chica que te da las gracias por haber logrado la independencia a través de la educación, ¿es la historia de gratitud que más te emociona?

La mejor manera de explicar el trabajo de la Fundación es que las personas hablen de su progreso. Muchas chicas me dicen: «Antes no podía ni mirar a una persona de casta alta, ahora puedo dar mi opinión». Recibo muchas palabras de gratitud pero mi mayor felicidad es cuando voy por la calle y me miran a los ojos con tanta alegría y cariño. Esas miradas me llenan de satisfacción.

Me gustaría con este libro que todos pensásemos más en las niñas, en todas las niñas.

Sí, nos queda mucho por hacer. Todavía hoy las mujeres en la India cuando se casan y dan a luz reaccionan de un modo diferente en función del sexo del bebé, como te comentaba antes. Si es niño, se ponen muy contentas y reparten dulces, pero, si dan a luz a una niña, están tristes y ni lo celebran. Esto hay que cambiarlo y estoy segura de que con el esfuerzo de todas y todos llegará el día en que se celebre el nacimiento de una niña como se haría con el de un niño, que se educará a las niñas como se educa a los niños y se les dará a ellas la confianza que necesitan para salir adelante y convertirse en mujeres libres que lideren su propio desarrollo y el de su país.

Ojalá lo consigamos.

Lo conseguiremos.

Namasté, Anna.

Namasté, Carlota.

Cristina Cifuentes

Abogada, expresidenta de la Comunidad de Madrid

«Tomo esta decisión por mi familia, para que no sigan sufriendo este calvario [...]. La resistencia de las personas tiene un límite y yo ya he llegado a ese límite. No tiro la toalla, creo que es lo mejor para todos [...]. A pesar de la dureza del momento, del dolor personal que yo siento, yo creo que mi padre se sentiría orgulloso de mí y eso es lo más importante.»

Discurso de dimisión de
Cristina Cifuentes, 25 de abril de 2018

Cristina Cifuentes

Madrid, 1964

Cuando Cristina Cifuentes me dijo que sí, empecé a dar saltos de alegría —literal— en el lugar de Telecinco donde recibí la noticia. Era 14 de febrero. Ella llevaba casi un año fuera de la política y, hasta ese momento, no había concedido ninguna entrevista. Como garantía de mis intenciones, le hice llegar un cuestionario previo que me preparé a conciencia. Asistí como espectadora y ciudadana a su caída en desgracia y de pronto tenía ante mí una estupenda oportunidad periodística. Sabía que habría límites a nuestra conversación; de hecho, la entrevista no se iba a publicar en ningún periódico ni suplemento, ni digital ni en papel. Era una charla para hablar de nosotras, las mujeres, aunque no podía dejar pasar la oportunidad de intentar plantear preguntas que cualquier periodista le formularía a Cristina Cifuentes. ¿Que por qué se me ocurrió pensar que ella podría acceder a mi petición por remota que fuese esa posibilidad? Pues porque, a través de las redes sociales, la expresidenta de la Comunidad de Madrid me había hecho partícipe de la simpatía que me tenía. Y yo he de reconocer que, aunque nunca la he votado, ella me ganó el día que vi una imagen suya del brazo de Manuela Carmena cuando ambas eran las mujeres más poderosas de la capital de España. Me cautivó que dos señoras que pensaban tan distinto pudiesen entenderse y transmitir públicamente respeto y cariño mutuo.

El caso es que Cifuentes me dijo que sí y quedamos para conversar un viernes de abril en un céntrico hotel. Ella llegó impecablemente vestida, peinada y maquillada a nuestro encuentro. Yo me presenté bastante más informal pero estábamos igual de inquietas las dos. Me preparó un café para romper el hielo en la sala que nos habían cedido y hablamos un rato de personas que teníamos en común antes de entrar en faena. Pasamos juntas cuatro horas. Cristina me contó muchísimas cosas *off the record* que, por supuesto, respetaré. Tuvimos que parar en varias ocasiones la grabadora. Cuanto más hablaba, más consciente era de la profundidad de sus heridas. No es para menos. Serán los tribunales los que la exculpen o la condenen pero ella, de momento, se prepara para todas las batallas legales que sean precisas. Todas. Tengo la impresión de que va a llegar hasta el final y estoy segura de que, llegado el momento, hablará alto y claro, con nombres y apellidos. De quién disparó el fuego amigo. De quién diseñó y ejecutó la «tormenta perfecta» para desalojarla de la Comunidad de Madrid. De las cloacas del Estado y de sus cajones.

De momento, Cifuentes desvela en esta entrevista que los daños psicológicos que le ha causado su salida de la presidencia de la Comunidad de Madrid le han dolido más que las gravísimas lesiones físicas que sufrió en el accidente de moto que a punto estuvo de costarle la vida en agosto de 2013. También asegura haberse sentido discriminada por ser mujer en el último año de su mandato como presidenta. Se emociona cuando recuerda las palabras y el cariño que le dedica la gente por la calle. Y aconseja a todas las madres que no se pierdan ningún momento importante en la infancia de sus hijos porque luego esa carga «no te la quita nadie». A Cristina le sonríen los ojos cuando habla de su familia, con nostalgia al recordar su niñez feliz rodeada de hermanos —es la séptima de ocho— y con un punto de culpa al hablar de la que ha formado con su marido, «el mejor compañero». Sabe que han sufrido mucho en su casa, posiblemente mucho más de lo que le quieren reconocer. Y eso duele infinito. Cristina Cifuentes asegura que ni odia ni guarda rencor. Pero creo estar segura de que no se rendirá.

Cristina, ¿tú te declaras feminista?

Sí.

¿Siempre has tenido claro que lo eras?

Sí, siempre lo he sido aunque no he sentido la necesidad de verbalizarlo continuamente porque es lo que siempre he vivido en mi casa y lo que apliqué desde el minuto cero cuando me independicé. Ahora bien, creo que el feminismo se ha utilizado políticamente y eso ha hecho que muchísimas mujeres que practican, luchan y creen en la igualdad tengan miedo a la palabra. No me gusta hablar de feminismo radical, pero sí hay quien practica un feminismo excluyente con el que se sienten agredidos no solo muchos hombres, sino también muchas mujeres. Por desgracia, el feminismo se utiliza como elemento de confrontación cuando creo que el movimiento debería ser transversal. Defiendo la igualdad real, no creo en la supremacía de las mujeres. No pienso que los hombres estén por debajo de nosotras o que debamos dar más valor a lo que dice una mujer que a lo que dice un hombre. Es más, la verdadera igualdad es cosa de hombres. La conciliación está muy bien pero los que tienen que conciliar, sobre todo, son ellos. ¿Por qué tengo que ser yo la que concilie si a lo mejor no es lo que quiero? A lo mejor lo que quiero es apostar por mi carrera profesional pero no puedo porque quien no concilia es mi pareja. La conciliación debe ser cosa de hombres para que, si una mujer quiere desarrollar su carrera profesional, la maternidad no sea un impedimento. El feminismo necesita la implicación y cooperación necesaria de los hombres. Si hay algo que me ha molestado mucho toda la vida, no solo ahora, es que vinieran con prepotencia a darme lecciones porque yo el feminismo lo he practicado siempre.

Sin levantar la bandera.

Bueno, la he levantado cuando la he tenido que levantar pero con hechos, como cuando se aprobó por primera vez en la Comunidad de Madrid una estrategia de igualdad con un presupuesto de 240 millones de euros. O los 300 millones para combatir la violencia de género. Eso es trabajar por la igualdad. Fuera de la política, he tratado de practicar ese feminismo en el día a día, educando en igualdad a mi hija y a mi hijo. He tenido que aguantar muchas críticas de mucha gente, incluso de muchas mujeres, que no entendían cómo era posible que mi marido se ocupara de los niños, los bañara, los llevara a los cumpleaños, hiciera la comida y la compra. Ha habido etapas en las que las tareas domésticas las he hecho yo, pero la mayor parte de mi vida ha sido mi marido el que se ha hecho cargo mientras yo asumía otras tareas con un rol tradicionalmente más masculino. En mi casa, por ejemplo, la manitas soy yo, el bricolaje es cosa mía. Entiendo que eso es ser feminista de verdad porque conozco personas que te sueltan el discursito y cuando ves su día a día no son precisamente un ejemplo de igualdad.

¿Qué opinas del «feminismo liberal» acuñado por Inés Arrimadas?

La verdad es que no sé qué es el feminismo liberal de Inés Arrimadas, pero sí te digo, con todo el respeto que le tengo, que ella para mí no es ejemplo de nada y menos de feminista. Para mí, un referente de feminismo es Simone Veil, quien trabajó toda su vida por la igualdad y, cuando estuvo en el gobierno en Francia, promovió una ley de despenalización del aborto, entre otras muchas iniciativas. Creo que Ciudadanos tiene un problema de falta de definición ideológica. Son muy progres los lunes, miércoles y viernes, y muy conservadores los martes y los jueves. Creen que eso los sitúa en el centro cuando lo que realmente te centra es tener una coherencia y ejercerla. Espero que Inés Arrimadas y Ciudadanos no quieran enarbolar ahora la bandera del feminismo porque cometerían el mismo error que la izquierda. Querer politizar el feminismo es una gran equivocación. Hay hombres y mujeres que están a favor de la igualdad y que están dispuestos a dar pasos para avanzar en todos los partidos políticos. El problema es que hay ideologías que intentan rentabilizar políticamente el feminismo, sobre todo en periodos electorales. Todo eso retrasa el objetivo que es la igualdad real, lo diga Inés Arrimadas o Irene Montero.

«No me gusta hablar de feminismo radical, pero sí hay quien practica un feminismo excluyente con el que se sienten agredidos no solo muchos hombres, sino también muchas mujeres.»

En una entrevista declaraste: «Se les exige más a las mujeres políticas, porque cuando un hombre va a un acto esa es la noticia y cuando va una mujer a veces la noticia es lo que lleva puesto». ¿En qué aspectos crees que se nos exige más a las mujeres que a los hombres?

A las mujeres se nos exige más en política y en todo. Puse ese ejemplo porque es especialmente llamativo e irritante: tú vas a un acto y lo importante no es lo que dices sino cómo vas vestida, cómo vas peinada, los tacones que llevas... Eso de un hombre jamás se comenta. Nunca lo podré entender. Pero esa no es la única carga que tenemos. Se nos exige que seamos excelentes profesionales y que además lo demostremos. También hemos de ser fabulosas y abnegadas madres y, por supuesto, debemos ir impecables, bien arregladas, bien vestidas, con la manicura hecha y perfectamente depiladas. Esta es la realidad, es injusta pero es lo que hay. En las sociedades occidentales, la liberación de la mujer ha conllevado que hayamos ido asumiendo cargas sin soltar las que ya teníamos.

¿Crees que hay un mayor nivel de autoexigencia en las mujeres que en los hombres?

Creo que nosotras somos muy autoexigentes pero también es verdad que hacemos muchas veces lo que se espera de nosotras. Sentimos esa necesidad de demostrar todo lo que valemos. Nos volvemos muy competitivas y esa competitividad la elevamos a casi todos los extremos y no es bueno.

«Sin tacón no hay reunión» y «Hacerse la rubia en las reuniones con los hombres» son dos frases tuyas que levantaron muchas ampollas.

La de «Sin tacón no hay reunión» es de Marisa, la que fuera mi jefa de gabinete. Esa frase, con la que me brearon que ni te cuento, era una coña interna en la época en la que ejercía de la delegada del Gobierno en Madrid porque el equipo éramos todas tías, solo había dos hombres. Y lo de «hacerme la rubia» en las reuniones con hombres reconozco que fue una equivocación contarlo en aquella entrevista porque es una chorrada que decíamos dentro de mi equipo y que al salir de ese círculo se utilizó para desgastarme.
En La Sexta estaban mañana, tarde y noche con la frasecita.
Me pareció tan ridículo que ni entré a desmentirlo, era tan absurdo, y se me machacó tanto en redes sociales... Acostumbro a reírme de mí misma y lo hago constantemente, esa fue una frase que dije en broma.

Has ostentado responsabilidades políticas desde muy joven cuando había muchas menos mujeres que ahora en los escaños y los despachos. ¿Se diferencian en algo las jefas de los jefes?

No creo que haya una forma de dirección masculina o femenina, pero sí encuentro matices. Nosotras somos más empáticas, aunque eso no significa que el ciento por ciento de las mujeres lo sea, obviamente. Por otro lado, considero que tenemos un concepto diferente de la jornada laboral. Ellos tienen muy claro cuándo se termina el trabajo y tienen que marcharse. Nosotras no. No sé si se debe a una mayor capacidad de entrega y sacrificio o a que debemos demostrar más que ellos. Y luego hay responsabilidades en las que tienes que dar un perfil más profesional y frío. Así fue en mi etapa como delegada del Gobierno: era la jefa de la Policía y la Guardia Civil, dos mundos muy masculinos, y ahí me esforcé por alejarme de toda frivolidad. Tiendo mucho a incorporar como amistades a mis compañeros de trabajo, pero en ese tiempo reconozco que, por primera vez, tuve un comportamiento menos espontáneo y más distante. No podía hacer nada que pudiera ser mínimamente interpretado como algo frívolo. Cuando llegué al cargo marqué las distancias para que nadie pensase: «Aquí nos traen a una rubia montada en unos tacones».

«En las sociedades occidentales, la liberación de la mujer ha conllevado que hayamos ido asumiendo cargas sin soltar las que ya teníamos.»

¿Cambiaste también tu manera de vestir?

Un poco sí. Me adecué a las circunstancias. No es de recibo que vayas a un acto con policías que van de azul marino y tú de rosa chicle, intentaba ser una más entre ellos. Intentaba dar un perfil bajo para no sobresalir demasiado. Era un acto de respeto, como cuando vas a una boda y te arreglas para los novios o si vas de luto a un funeral. Tienes que saber dónde estás, tienes que saber que son cuerpos jerarquizados y debes saber adaptarte por respeto hacia ellos.

En abril de 2017 declaraste en una entrevista que tenías la suerte de no haber sido nunca discriminada por ser mujer en tu trabajo. ¿Lo mantienes ahora mismo?

No, las circunstancias varían.

Desde luego tus circunstancias han variado desde abril de 2017.

Por eso mi respuesta es un no.

¿Has vivido alguna situación en política en la que hayas sentido que te decían algo por ser mujer que como hombre no te dirían?

Sí, pero ahí no voy a decir nada. Hasta aquí puedo leer.

¿Son machistas las cloacas del poder?

Son cloacas y son lo peor, pero no sé si son machistas o no porque he intentado, aunque no siempre lo he conseguido, mantenerme de manera deliberada lo más lejos posible de todas ellas. Durante mi etapa como delegada del Gobierno sí pude vislumbrar la existencia de aquello y nunca quise saber nada. Este es un asunto que me parece que trasciende al machismo o al feminismo. Es algo que el Estado de Derecho en una sociedad democrática como la nuestra debería erradicar hasta los cimientos más profundos. Ese tipo de asuntos son los que de verdad socavan una democracia, es totalmente intolerable. Y no perdamos de vista que las cloacas del poder alcanzan a ámbitos diversos, no solo al policial: también al político y al periodístico, a partes iguales.

¿Has vivido situaciones machistas?

Sí, claro.

¿Detallarías alguna?

Sobre todo, he vivido micromachismos, que son muy peligrosos porque son situaciones cotidianas a las que no se les da mucha importancia pero cuya suma es lo que convierte a una sociedad en machista. Siendo presidenta de la Comunidad, un concejal de izquierdas del ayuntamiento de Madrid [habla de Carlos Sánchez Mato] se refirió a mí en los medios de comunicación como «la rubia esa de la coleta». Me pareció una falta de respeto, y lo más curioso es que el chistecito fue muy aplaudido por muchas de sus colegas, ojo, no por la alcaldesa. Manuela Carmena me llamó para disculparse y decirme que estaba abochornada. Siempre tuve muy buena relación con Manuela, es una señora. En cambio, a algunas concejalas de esas jovencitas que luego encabezan manifestaciones del feminismo, les hizo mucha gracia.

¿Qué opinas acerca de que el Partido Popular quiera revisar la ley del aborto?

Sinceramente, creo que es un error reabrir ese debate. El aborto es un asunto especialmente doloroso porque toca las creencias religiosas y morales de muchas personas, hay que ser muy cuidadosos. Creo que existe una regulación que, aunque no satisface a todos, sí ha conseguido que algo tan terrible como la interrupción del embarazo haya dejado de ser un problema para la mayoría de la sociedad.

¿Y qué te parece que Vox quiera abolir la ley de violencia de género?

Las cifras hablan y no dependen de partidos, da igual quién gobierne, es un tema educacional y un fenómeno que no se puede menospreciar. Esta situación es tan grave y tan real que no admite ningún tipo de frivolidad. Más de mil mujeres asesinadas a manos de sus parejas o exparejas desde que se contabilizan estas muertes. Me preocupan todos los tipos de violencia pero la de género es obvio que requiere un tratamiento distinto. Es un fenómeno que no deja de crecer y con una escalada terrorífica entre los jóvenes. Mirar hacia otro lado o negar su existencia es disparatado.

«Le perdí el miedo a la muerte», «El accidente que sufrí me ha hecho libre». ¿Estar tan cerca de la muerte te cambia para siempre?

Sí, totalmente. Es algo que te cambia y te da otra escala de valores absolutamente diferente. Aprendes a priorizar y a disfrutar de cada día. Para mí, cada día es un regalo, incluso los malos. Cuando ves a la muerte de frente le pierdes el miedo a todo, incluso a la propia muerte. Solo me ha quedado un miedo: que les pase algo a mis hijos, eso es lo único que me podría destrozar.

Has confesado que al traspasar tu umbral del dolor en la UCI te preparaste para morir. ¿Cómo fueron esos momentos?

Cuando eres consciente de que no puedes más y te preparas para morir, tienes que hacerlo en paz. No te puedes morir en guerra con el mundo y contigo misma. Entonces aprendes a perdonarte a ti misma y a perdonar a los demás para poder irte en paz. Parte de esa paz se ha quedado conmigo y me ha ayudado mucho a relativizar en los peores momentos.

¿Crees que el accidente te ha ayudado a sobrellevar todo lo que te ha pasado después?

Si no hubiera tenido mi accidente, si no hubiese pasado por lo que pasé, si no hubiera estado tan cerca de la muerte hasta el punto de que hablé con ella, no sé si hubiese podido soportar todo lo que vino después.

¿Echas algo de menos de la política?

Sí, muchas cosas y a mucha gente buena con la que he trabajado. Echo de menos tomar decisiones que tú sabes que van a ayudar a muchísimas personas. Eso te da un subidón increíble. O cuando la gente te para y te da las gracias por alguna medida de la que se han beneficiado. Te da la vida.

Dices que te paran y te dan las gracias, ¿qué es lo más bonito que te han dicho?

Quizá, lo más bonito es ser consciente de que muchas personas se han dado cuenta de que yo estuve en política no por ambición personal sino porque objetivamente creía y pensaba de verdad que se podían hacer cosas por la gente.

Te emocionas...

Sí. [Solloza] Esto es como curarse de una enfermedad. Mi accidente fue horrible, lo peor que me ha pasado en la vida, pues esto ha sido peor. Te voy a decir por qué: porque lo del accidente fue físico pero esto ha sido casi todo psicológico. Las heridas psicológicas son muchísimo peores que las físicas. Pero que conste que estoy fuerte, eh.

Te has emocionado cuando has hablado de lo que te dicen desde que ya no estás en política.

¿Pero sabes por qué me emociono? Porque estaba convencida de lo que hacía. Tú no sabes la cantidad de gente que me dice que tengo que volver a la política.

¿Lo harías?

Ahora no puedo ni pensar en eso.

Imagínate que terminas los procesos judiciales que tienes pendientes en un plazo de un par de años.

Insisto, ahora no puedo ni pensar en volver. He de pasar página y es imposible que lo haga hasta que finalice el tema judicial y, para entonces, probablemente, ya haya cerrado heridas, porque me conozco. Tengo la gran ventaja de que no soy rencorosa, el odio es un arma de destrucción masiva. Incluso si te pusiera nombres y apellidos de las personas que me han causado todo eso, te diría que no las odio, no lo hago. A ver, prefiero no tenerlas cerca, pero no les deseo nada malo. Ni siquiera me dan pena. He aprendido a no odiar, es importante mantener eso a raya, soltar lastre en la vida y dedicarte solo a las personas que te interesan, que son muchas y son las que te aportan.
Lo demás no importa.

¿Desde dónde has recibido más apoyo tras tu salida de la presidencia de la Comunidad de Madrid, de tus propias filas políticas o de la oposición?

El mayor cariño lo he recibido en la calle, de gente que no sé qué idea política tienen pero que se me acercan y me dicen que están conmigo, que fui una buena presidenta, y yo no les pregunto a quién votan. Respecto a las reacciones políticas, creo que hay gente de otros partidos que ha utilizado todo esto para

intentar minar al Partido Popular y eso no está bien. En cualquier caso, mis mejores amigos no están en mi partido, aunque he recibido un fuerte apoyo de muchos militantes, alcaldes y simpatizantes del PP. Y desde otros partidos también me he sentido arropada por muchos políticos a título individual, no como cargos.

Los seis principales candidatos a la presidencia del gobierno en las últimas elecciones generales fueron hombres. ¿Qué tiene que pasar en España para que haya una mujer candidata a presidir el país?

La desigualdad en política no deja de ser un reflejo del resto de la sociedad: brecha salarial, escasa presencia femenina en los grandes consejos de administración y al frente de las empresas del IBEX... Mi reflexión como ciudadana que ya no está en política es que resulta curioso que haya partidos que llevan a gala la supremacía de las mujeres y, sin embargo, no ponen a ninguna candidata de número uno en las listas. Pero no solo me refiero a las últimas elecciones: cuando me presenté en las autonómicas, todos eran hombres, y yo la única mujer.

¿Tendremos presidenta del gobierno antes de diez años?

Espero que sí, ojalá. Pero, ojo, quiero tener una muy buena presidenta. No me gustaría que hubiese una presidenta por el simple hecho de ser mujer. Quiero una mujer que sea un diez, con mucha vocación de servicio público, sentido común y ganas de trabajar por los demás. Estoy convencida de que eso lo vamos a ver.

Si fueses la presidenta del gobierno, ¿qué tres primeras medidas adoptarías para conseguir la igualdad real de la mujer?

Ser presidenta del gobierno es algo que, indudablemente, no me he planteado nunca, pero, sin duda, habría que adoptar medidas para avanzar en conciliación, reformar el régimen de los autónomos, especialmente en lo que se refiere a los permisos y retribuciones por paternidad y maternidad, y potenciar el teletrabajo. Habría que cambiar el modelo de trabajo, donde, más allá de los horarios, se valore la productividad.

¿Qué te parece la reciente ampliación de la baja de paternidad?

La crianza de los hijos es cosa de dos y ampliar la baja de paternidad me parece razonable aunque me hubiese gustado que se hubiera aprobado esa medida no tan cerca de las elecciones generales.

¿Dieciséis semanas de baja son suficientes para las madres?

He de reconocer que no he sido buen ejemplo con este tema. Hice lo que no debe hacer ninguna mujer: una semana después de mi primer parto, que fue por cesárea, me examiné de una oposición y a los quince días estaba trabajando. Tuve a mi segundo hijo también por cesárea y, aunque como funcionaria de la universidad estaba de baja, como diputada me incorporé a los veinte días.

¿Te arrepientes?

Es que no me vale de nada arrepentirme a estas alturas, lo hice y ya está.

¿Se lo recomendarías a tu hija?

No, para nada. Las bajas por maternidad hay que cogerlas siempre. Primero, porque debes recuperarte físicamente y con mayor motivo tras una cesárea. Segundo, porque hormonalmente también tienes muchos cambios que te pueden afectar muchísimo. Y lo más importante: porque tu bebé te necesita.

¿A qué ha renunciado Cristina Cifuentes para llegar profesionalmente a donde ha llegado?

A muchísimas cosas. He renunciado a dedicarle más tiempo a mi familia, he renunciado por completo a mi tiempo de ocio, en algunas etapas he renunciado incluso a tener vacaciones... He hecho muchísimas renuncias pero las he hecho voluntariamente.

¿Volverías a hacerlas?

Muchas de ellas, probablemente, sí. He tenido la inmensa suerte de que mi trabajo me ha encantado y eso no lo puede decir todo el mundo. He disfrutado trabajando y he encontrado muchísimas compensaciones, de verdad. Aunque hay cosas a las que no volvería a renunciar.

¿A qué cosas no volverías a renunciar?

Como muchas mujeres, a veces he tenido la sensación de no hacer nada bien, de no dedicarme a todo lo que tenía que dedicarme, de no dar abasto... Y la peor sensación de todas: la de no ser una buena madre por no haber pasado suficiente tiempo con mis hijos, sobre todo en su infancia. Esa carga no te la quita nadie.

Ay, la culpa.

Sí, la culpa de no haber sido una buena madre. He priorizado el trabajo en algunos momentos, y el único consejo que daría es que no merece la pena. Hay momentos en la vida de tus hijos que no te los debes perder, no solo por ellos, que no te lo van a tener en cuenta, no te los debes perder por ti, por experimentar la satisfacción que supone ir a ver a tu hija vestida de oveja en la función de Navidad. A pesar de esas ausencias, que me duelen, tengo que decir, sin querer caer en la soberbia, que he sido una buena madre. Mis hijos saben que todo mi tiempo libre se lo he dedicado a ellos, incluso a costa de renunciar a tiempo para mí y para mis amigos.

¿Has hablado con tus hijos de este tema?

Sí y descubrí que esas ausencias me importaban más a mí que a ellos, porque mis hijos nunca se vieron solos. He tenido la suerte de contar con un marido que me ha suplido perfectamente. Además, esa idea de que los hijos son cosa de las madres siempre me ha parecido terrible. Los hombres son tan capaces o más que nosotras para criarlos. Ser mujer no te da una habilidad especial para bañarlos o vestirlos o incluso para escucharlos cuando necesitan hablar y llorar porque los ha dejado su pareja. Lo único que puede hacer una madre que no puede hacer un padre es dar el pecho.

«Los hombres son tan capaces o más que nosotras para criar a los hijos. Ser mujer no te da una habilidad especial para bañarlos o vestirlos o incluso para escucharlos cuando necesitan hablar y llorar porque los ha dejado su pareja.»

Además de ser corresponsable con la casa y los hijos, ¿qué otras cualidades crees que debe tener la pareja de una mujer de tu perfil profesional?

Para que una mujer pueda desarrollarse profesionalmente, debe tener una pareja que no solo la complemente sino que sea capaz de suplir todas las ausencias, todas las carencias. Ha de ser un auténtico compañero, un socio, un engranaje del equipo. Nadie está por encima del otro, hay un trabajo que hacer y el reparto de

tareas no siempre va a estar equilibrado. En el caso de que sea la mujer la que tenga mayor proyección, debe ser él quien sepa suplir y entender la situación. Muchas veces no es solo el trabajo: es el estrés, el mal humor... Y tener en casa a una persona que solo mirándote sepa comprenderte, es una bendición. Tener en casa a alguien que sabe darte lo que necesitas en cada momento es crucial. Cuando estamos muy estresados o en tensión tendemos a descargar en casa y que tu marido comprenda eso es muy difícil. Por eso siempre me digo, y se lo digo también a mis amigas cuando lo encuentran, que tener al lado un compañero así es un tesoro que hay que cuidar.

¿Es cierto que las mujeres con poder intimidan a los hombres?

La erótica del poder existe a unos niveles brutales pero solo les sucede a ellos. Hombres que en circunstancias normales no ligarían nada y de repente se convierten en auténticos *sex symbols*. Y me estoy mordiendo la lengua porque lo he visto muchas veces, lo he visto muy de cerca con gente muy próxima. La erótica del poder en las mujeres no funciona y tiene su explicación. A la mayoría de los hombres no les gustan las mujeres poderosas porque prefieren que estén por debajo de ellos, esto es así. Por mi experiencia y la de las mujeres con las que he trabajado en política, los hombres no se acercan a las mujeres poderosas con intenciones íntimas. Sí, a los hombres les asustan las mujeres con poder. Tampoco quiero caer en los tópicos, pero al menos por lo que yo he vivido en política nosotras estamos a lo que estamos y no aprovechamos que el Pisuerga pasa por Valladolid. Los hombres, a veces, están a todo.

Alberto San Juan

Actor, autor y director de teatro

«El machismo se combate con educación
y discriminación positiva.»

Alberto San Juan

Madrid, 1968

Escribió Manuel Vicent sobre Alberto San Juan en *El País*: «Es un referente esencial en la escena española». Vicent, gran amigo del genial ilustrador Máximo San Juan, padre de Alberto, glosa en su artículo «La alegría de vivir» la trayectoria vital y profesional del actor pocos meses después de cumplir los cincuenta años. «Alberto San Juan fue niño hasta muy tarde y se quedó en casa, mirando por la ventana cómo sus hermanos, que eran punkis, salían a comerse la noche; en cambio, él un día le pidió dinero a su padre para alistarse en las brigadas que iban a Cuba a recoger bananas y el padre se lo negó: "Para ir a Oxford, lo que quieras; para los sueños revolucionarios, nada". Con el dinero que le prestó un amigo pudo cumplir el rito y desde Cuba por ahí todo seguido hasta parar un 15 de mayo en la Puerta del Sol, con la rabia y el desencanto incluidos.»

Alberto San Juan vivió del periodismo antes de abrazar su verdadera vocación. Mientras escribía desde la redacción de *Diario 16*, asistía a clases de interpretación en la escuela de Cristina Rota. Según Vicent, San Juan estudió ciencias de la información porque le daba vergüenza decir que quería ser actor: «Dudaba si en realidad tenía alguna cualidad para ese oficio». Finalmente, Alberto se convirtió en el actor que dudaba ser a pesar de la desalentadora crítica de una de sus profesoras, que le dijo que tenía la misma capacidad expresiva de un muerto. Tenía veinticinco años. Tras cumplir el doble, Alberto puede presumir de una carrera interpretativa reconocida, comprometida y premiada.

La televisión fue su trampolín con la serie *Más que amigos*, que encadenó con los taquillazos nacionales *Airbag* y *El otro lado de la cama*, entre otros. En 2006 llegó la película que le valió la Biznaga de

Plata y el Goya al mejor actor: *Bajo las estrellas*. Aunque Alberto no ha dejado de rodar películas, es en el teatro donde se siente en su hábitat natural: «Es más humano que el cine y no está sometido a tanta presión económica». Junto con Willy Toledo fundó el grupo teatral Animalario, factoría de obras como *El fin de los sueños, Alejandro y Ana: todo lo que España no pudo ver del banquete de boda de la hija del presidente, Hamelin, Urtain* y la reivindicativa gala de los Premios Goya del «No a la guerra». Como autor y director teatral es *Mundo obrero* la última obra que ha representado sobre las tablas. San Juan siempre ha declarado abiertamente su pensamiento político, de izquierdas y anticapitalista.

En esta entrevista, que fue imposible realizar cara a cara, Alberto entiende el feminismo como «la lucha por la igualdad global, lo que incluye necesariamente a los hombres, no como aliados, sino como parte integrante». San Juan reconoce que ha sido y todavía es machista, ya que la reeducación «es un proceso largo» y define la nueva masculinidad como «no competitiva, no agresiva, no criminal». Bienvenida sea. Bienvenidos seáis todos a esta orilla.

¿Me consta que te has declarado abiertamente feminista, pero ¿cuándo fuiste consciente de que lo eras?

Desde siempre. Lo que no tenía tan claro es que, más allá de mis ideas, en mis comportamientos, también era y soy —es un proceso largo reeducarse— machista.

¿Cómo has vivido las últimas movilizaciones feministas del 8M en España? ¿Has participado?

He participado quedándome en casa cuidando a los niños. Y lo he vivido con inmensa alegría: una vez más —matrimonio homosexual, 15 M—, España —este país fundado sobre la intolerancia nacional católica—, en la vanguardia mundial de la lucha por la igualdad de derechos entre los seres humanos. Entendiendo que luchar coherentemente por la igualdad entre hombres y mujeres es luchar contra toda forma de discriminación, también la que resulta de las clases sociales, es decir, del capitalismo.

¿Por qué crees que todavía les cuesta a tantas mujeres decir abiertamente que son feministas?

Quizá porque muchas son machistas.
Y, en casos terribles, por miedo. Miedo a ser agredidas en su entorno más cercano.

Considero personalmente que el feminismo fracasará si no tiene a los hombres como aliados. ¿Estás de acuerdo con este pensamiento?

El feminismo es lucha por la igualdad global, entiendo yo. Eso incluye necesariamente a los hombres. No como aliados, como parte integrante del asunto.

¿Cuál crees que debe ser el papel de los hombres para alcanzar la igualdad real?

Comportarse de forma coherente con el principio de igualdad: nadie es más ni menos que nadie. Y ser muy rigurosos a la hora de mantener la conciencia despierta para ver las consecuencias de nuestros propios actos.

Tu compañero Juan Diego Botto ha declarado que se está definiendo una nueva masculinidad y la cuarta ola feminista la está empujando. ¿Crees que es así? ¿Cómo es esa nueva masculinidad?

No competitiva, no agresiva, no criminal.

«Entendiendo que luchar coherentemente por la igualdad entre hombres y mujeres es luchar contra toda forma de discriminación, también la que resulta de las clases sociales, es decir, del capitalismo.»

«El machismo se combate con educación y discriminación positiva», declaraste en *La Sexta Noche*. ¿Qué medidas adoptarías respecto a educar en igualdad? ¿Cómo se puede luchar contra el machismo en las aulas?

Hablando abierta y libremente de sexualidad, género, identidad, historia.

Eres padre de un niño de seis años. ¿Qué valores feministas crees que le estás inculcando? ¿Cómo se combate el machismo o se educa en igualdad a esa temprana edad?

Intentando predicar con el ejemplo.

Justo a la edad que ahora tiene tu hijo, está comprobado que se produce en las niñas lo que se conoce como «brecha de los sueños»: a partir de esa edad, las niñas comienzan a ponerse límites porque pierden autoconfianza y autoestima, pues la falta de referentes femeninos líderes provoca que dejen de soñar con ser de mayores determinadas profesiones, en especial, las que tienen que ver con lo que se conoce como carreras STEM (ciencia, tecnología, ingeniería y matemáticas). A mí me impactó mucho conocer esta realidad, soy madre de una niña de cuatro años. ¿Qué te provoca a ti?

La necesidad de tomar conciencia y actuar coherentemente.

¿En qué aspectos en general crees que se les exige más socialmente a las mujeres que a los hombres?

Cuidado de los niños y la casa, por ejemplo.

¿Crees que es más machista el mundo de la interpretación que otros sectores o afecta igual que al resto de la sociedad?

Creo que es menos machista. Pero también lo es.

¿Has vivido alguna situación machista o de desigualdad expresa en algún trabajo? ¿Cómo actuaste?

No recuerdo ahora.

«El feminismo es lucha por la igualdad global, entiendo yo. Eso incluye necesariamente a los hombres. No como aliados, como parte integrante del asunto.»

Tus compañeras actrices se quejan de que llega una edad en la que se vuelven invisibles y ya no hay papeles para ellas. ¿Estás de acuerdo? ¿Crees que es más fácil envejecer para un actor que para una actriz? ¿Están las actrices sometidas a una mayor tiranía y presión de su imagen para mantenerse en activo?

Sí. Es así.

Incluso hay quien se queja de que los papeles protagonistas femeninos escasean a cualquier edad...

También.

El género parece que pesa también en la nómina. ¿La brecha salarial se soluciona si los actores os negáis a cobrar más que ellas?

Se debe hacer. Es muy complicado. No solo hay brecha entre actores y actrices, sino exageradas diferencias entre elenco protagonista y resto del equipo.

¿Has trabajado alguna vez a las órdenes de una mujer? ¿Es diferente a ser dirigido por un hombre? ¿Por qué hay tan pocas directoras o jefas técnicas en tu gremio?

Porque nuestra sociedad es machista. No encuentro diferencias entre ser dirigido por hombres o por mujeres.

¿Alguna vez has tenido problemas para compatibilizar tu vida profesional con tu vida privada?

Muchos. Inevitablemente, he dicho que no a trabajos por estar con los niños. Otras veces, hubiera necesitado trabajar y no tenía en qué.

«No solo hay brecha salarial entre actores y actrices, sino exageradas diferencias entre el elenco protagonista y el resto del equipo.»

¿Es difícil la crianza de un hijo siendo actor? ¿Has podido conciliar? ¿Es igual de difícil conciliar familia y profesión para una actriz que para un actor?

Tiene sus dificultades propias por horarios. Los teatreros trabajamos de noche y en fin de semana. Los peliculeros y televiseros pasan mucho tiempo fuera de casa.

¿Qué te parece la actual baja de maternidad en España? ¿Echas de menos un mayor permiso de paternidad?

Han de ser iguales. No sé cómo es ahora.

¿Crees que la corresponsabilidad está bien asumida en España?

No.

¿Alguna vez te has sorprendido a ti mismo perpetuando de manera inconsciente alguna actitud machista?

Muchas.

¿Quién es la mujer a la que más admiras? ¿Y a qué hombre?

Son muchas y muchos.

Miriam González Durántez

Abogada, fundadora y presidenta
de Inspiring Girls

«Cada niña, cada mujer debe sentirse libre para soñar y volar alto, debe sentirse libre para elegir lo que quiera hacer en la vida. El único límite de los sueños de las niñas debe ser la medida de sus propios esfuerzos.»

Miriam González Durántez

Olmedo, 1968

Lo primero que te atrapa de Miriam González cuando la tienes delante es su sonrisa: Es amplia, franca y alegre, casi tan hipnótica como su conversación. Miriam atesora un currículo brillante como abogada especialista en derecho de la Unión Europea, por lo que los bufetes especializados en comercio internacional más prestigiosos del mundo suspiran por tenerla como socia. Además, es considerada una voz muy autorizada en el Brexit y en política internacional. Con todo, lo que más impresiona de Miriam no es su vida laboral: ella conquista por su capacidad de compromiso y sus firmes principios. Creció en Olmedo escuchando como un mantra las palabras de su abuelo materno: «Hagáis lo que hagáis las mujeres, no dejéis de trabajar». Quizá por eso lo tuvo tan claro cuando parte de la sociedad y la prensa británicas le reclamaban que abandonase su puesto como exitosa abogada para consagrarse a la carrera política de su marido, Nick Clegg, tras tomar posesión como viceprimer ministro del Reino Unido en mayo de 2010. Su respuesta fue tajante: ni hablar. Con la misma contundencia había actuado décadas atrás su madre, Mercedes Durántez, al negarse, ante la incomprensión de sus vecinos, a abandonar su plaza de profesora cuando su marido, José Antonio González Caviedes, cambió el magisterio por la política, primero como alcalde y luego como senador del Partido Popular.

Miriam González se resistió a ser Lady Clegg, por lo que despertó todo tipo de recelos entre las filas más rancias de la Gran Bretaña de los tabloides. Mientras su marido gobernaba, se esforzó por mantener a su familia al margen del ojo público, pero también supo aprovechar el altavoz del que disponía para luchar por la igualdad de género. Madre de tres hijos varones, Miriam González es la fundadora y presidenta de Inspiring Girls, una organización que reivindica un futuro sin límites para las niñas, quienes a partir de los seis años comienzan a perder autoconfianza y a dudar de sus capacidades. Inspiring Girls pone en contacto a niñas con referentes femeninos para que las pequeñas sueñen con ser lo que quieran sin pensar que hay profesiones solo para chicos o asignaturas en las que ellas no pueden brillar porque son solo para niños. Miriam sembró una semilla en el Reino Unido que ya ha conseguido extender a Italia, España, Chile, Panamá, Honduras, Suiza o Singapur, países donde más de 26.000 mujeres profesionales voluntarias les han dado alas a más de 600.000 niñas en edad escolar.

Sin embargo, a Miriam no le bastaba con rebelarse contra los estereotipos de género. Ante la cúpula de la City de Londres defendió con firmeza su idea acerca de la corresponsabilidad en la crianza: «Los hombres que cuidan a sus hijos tienen más cojones». Y es que la conciliación es una de las grandes preocupaciones de Miriam, muy consciente de lo difícil que es encontrar el equilibrio entre el trabajo y la familia, con la culpa siempre al acecho. En esta vida, Miriam ha elegido dar la cara, incluso en los tiempos más oscuros, como cuando a su hijo mayor le diagnosticaron un linfoma de Hodgkin en fase 2 con quince años. Comunicarle a su hijo su enfermedad fue, sin duda, el peor momento de su vida, pero, en cuanto se curó, acudió con Nick a un programa de televisión para dar visibilidad a Bloodwise, una ONG que recauda fondos para tratamientos menos tóxicos para niños con cáncer. Así es Miriam, comprometida y valiente, lúcida y luminosa. Como su sonrisa.

¿Cómo era de niña la fundadora de Inspiring Girls?

Soy la mayor de tres hermanos y fui una niña responsable, estudiosa y muy cabezota. Siempre que se me ha metido algo en la cabeza, lo he perseguido. Por encima de todo, intentaba no darles quebraderos de cabeza a mis padres y esa actitud de intentar agradar y no crear problemas creo que te acompaña para siempre. Esa manera de ser la he encontrado en más mujeres que en hombres a lo largo de mi vida.

¿Y qué referentes tenía esa niña tan responsable?

Mi referente, como el de la mayoría de las niñas que ahora he descubierto con Inspiring Girls por todo el mundo, era mi madre. Mi madre era profesora y en mi pueblo la mayoría de las mujeres solo trabajaban en casa. Recuerdo perfectamente cómo la cuestionaban cuando yo era una niña, no tanto como madre, sino como esposa. Cuando mi padre comenzaba su carrera política, había

quien pensaba que mi madre le hacía de menos por no quedarse en casa. «Pero esa mujer, ¿cómo no deja de trabajar?», decían en el pueblo. Otro de mis grandes referentes fue mi abuelo materno. Era un agricultor que no tenía ni la educación básica pero que gracias a la lectura se convirtió en un autodidacta. No tuvo dinero para pagarles estudios superiores a sus hijos mayores, y, sin embargo, ahorró todo lo que pudo para sí poder ofrecérselo a los pequeños, entre los que se encontraba mi madre. Mi abuelo se empecinó en que mi madre fuera a la universidad y lo consiguió. Siempre nos decía: «La independencia económica es la clave para la felicidad de las mujeres». «Hagáis lo que hagáis, no dejéis de trabajar», nos repetía. Cuando después en mi vida me han cuestionado que yo trabajara, me ha parecido increíble: ¡si hasta mi abuelo ya pensaba que aquello no debía ser ni un tema de conversación!

Inspiring Girls surge cuando tomas conciencia de que a partir de los seis años las niñas comienzan a perder autoconfianza y a ponerse límites. Qué pronto comienzan las cargas emocionales para las mujeres, ¿verdad?

La infancia es una etapa en la que germina en muchas niñas la semilla de la falta de confianza y es muy importante detectar las cargas emocionales desde que comienzan a aparecer. ¿Por qué se produce esta pérdida de autoestima? La causa es el sexismo, que es como un ruido de fondo que hemos normalizado. Se trata de un ruido que no te llama mucho la atención y por eso no lo corriges, pero ese sexismo hace que, en torno a los seis años, las niñas empiecen a pensar que a lo mejor una determinada asignatura o profesión no es para ellas. Si tienes la suerte de contar con una familia o un entorno que te motive y te dé alas, se puede frenar esa inseguridad. Pero, hasta en el mejor de los escenarios, esa falta de confianza en ti misma puede calarte muy hondo y acompañarte toda la vida. A mis cincuenta años, soy consciente de que tengo esa inseguridad, pero no solo he aprendido a convivir con ella sino que sé hasta cómo aprovecharla. Esa falta de confianza en mí misma me hace estar alerta, esos nervios en el estómago me incentivan de alguna manera. Soy muy consciente de esa carga, pero hay otras muchas que acarreamos las mujeres y no son necesariamente emocionales.

¿Como cuáles?

Socialmente está asumido que tú eres la persona primordialmente responsable de los niños y de la casa. Eso es una carga emocional, de estrés y física que sigue afectando a muchísimas mujeres y que no sufren los hombres. No sé por qué no hablamos de ello, se ha convertido en una suerte de tabú fantástico: «¿Quién se ocupa de esto? ¡Ah, las mujeres!». Problema resuelto. Creo que es el gran capítulo pendiente que hay que empezar a abordar, no puede ser que la siguiente generación tenga que vivir con esta carga. Te voy a poner un ejemplo reciente y cercano. Mi marido se va a California con un buen trabajo y se asume de nuevo que yo voy a dejar de trabajar. He estado durante trece años ganando muchísimo más que mi marido y nadie ha pensado que él se iba a dedicar exclusivamente a los niños y a la casa para hacerme la vida más fácil a mí.

Cada vez que se habla de conciliación, solo se aborda como un problema que afecta a las mujeres, ¿por qué?

Esa es mi lucha de todos los días. Cada vez que doy una entrevista surge la pregunta: «¿Cómo te las apañas?», «¿Eres una mujer que lo puede tener todo?». Primero, no, no lo tengo todo, y segundo: ¿por qué no le hacéis esas preguntas a mi marido? El tema de la conciliación es un asunto crucial para la sociedad. Las mujeres de mi generación que somos madres nos enfrentamos no solo al cuidado de nuestros hijos sino también, en muchos casos, al de nuestros padres. No sé si por culpabilidad o por miedo a parecer que nos estamos quejando, a fallar como supermujeres, a fracasar en ese ideal de perfección que hay que cumplir, las mujeres nos resistimos a decir basta con que se dé por hecho que los cuidados son solo asunto nuestro. Hay que abordar el tema y hay que empezar a dar soluciones.

No tengo la fórmula mágica, pero hablemos, por ejemplo, de propuestas de fiscalidad. ¿Por qué el trabajo que se hace en las casas no se valora? ¿Por qué no cotizan las amas de casa por su trabajo? ¿Por qué no me puedo desgravar nada del sueldo que le pago a la persona que trabaja en casa? Acerca de esto hay un silencio muy conveniente, es un chollo para las administraciones que las mujeres sigan sacando adelante sus casas y a sus familias sin ninguna contraprestación.

> «Si tienes la suerte de contar con una familia o un entorno que te motive y te dé alas, se puede frenar esa inseguridad que empieza de niña.»

En los debates de las últimas elecciones generales en España, ningún candidato a la presidencia del gobierno habló sobre conciliación...

Mi marido propuso en la última campaña electoral en el Reino Unido ampliar el horario de las guarderías infantiles para familias por debajo de la renta media y los conservadores decían que sí pero solo a partir de los dos años, de cero a dos años, nada. ¿Cómo es posible que una sociedad no debata sobre qué pasa con sus niños durante ese tiempo? Muchas familias no pueden permitirse quedarse en casa dos años para cuidar de esos bebés. Fue un tema que se obvió como si no fuera algo que les competiera políticamente.

Un 22 por ciento de las españolas dejan de trabajar después de la maternidad y dos de cada diez mujeres son pobres aun teniendo trabajo. Más de la mitad son mileuristas. Son ellas las que se cogen la jornada reducida para poder conciliar, no se plantea que sea el hombre. Al final, es muy difícil ascender profesionalmente cuando tú por ser madre sacrificas la mitad de tu jornada laboral.

Creo que el futuro pasa por lo que ya está sucediendo en Londres y Nueva York con el teletrabajo, que es una opción para conciliar cada vez más atractiva también para los hombres. En el trabajo desde casa aún no vamos a la par pero desde luego hay más equilibrio que con el tema de la reducción de jornada. No conozco a casi ningún hombre con jornada reducida por paternidad.

Claro, se da por hecho que debemos ser nosotras las que reduzcamos la jornada.

Lo tenemos metido en la cabeza.

Y luego está la carga emocional más silenciosa y dolorosa, la culpa de las madres que trabajan dentro y fuera de casa, la que aparece para quedarse cuando llega el momento de incorporarse a su puesto de trabajo después de la baja de maternidad.

He gestionado la culpa aceptando que era parte de mi vida. Cuando estaba en la oficina me sentía culpable por no quedarme en casa, cuando estaba en casa me sentía culpable por no quedarme en la oficina, y cuando en algún momento esa culpa se me iba de la cabeza, me sentía culpable por no sentirme culpable. Llega un momento en el que te haces amiga de la culpa y convives con ella.

¿Eres consciente de haber tenido que renunciar a algo para llegar hasta aquí?

Todos los días, pero mi marido también. Cuando creas una familia, renuncias a cosas. Sí, por supuesto.

Hay una frase tuya que es historia del Reino Unido: «Los hombres que cuidan a sus hijos tienen más cojones. Los padres trabajadores modernos tienen que empezar a decirlo alto y con orgullo: cuidar de tus hijos y ser responsable de ellos no afecta a tu nivel de testosterona. Aquellos que tratan a sus mujeres como sus iguales tienen más

cojones». Hay que tener muchos ovarios para decir esto ante la cúpula de la City.

Fue mi reacción después de no sé cuántos artículos en la prensa sobre si el hecho de que yo fuese una mujer con mi propio trabajo y que insistía en mantenerlo hacía que mi marido fuese más débil. Se venía a decir que los hombres que viven con mujeres como yo no tienen cojones. Mire usted, tratar a las mujeres sin respeto no es de valientes, al revés, es de cobardes. Lo que realmente tiene valor es tratarnos de igual a igual. Mi intervención en esa reunión con altos cargos de la City londinense y la palabra *cojones* salió en todas las televisiones. A raíz de eso, mi marido ya no me lleva nunca cuando da una ponencia [se ríe].

«Cuando estaba en la oficina me sentía culpable por no quedarme en casa, cuando estaba en casa me sentía culpable por no quedarme en la oficina.»

¿Tú has sufrido situaciones machistas, Miriam?

Sí, claro. En el *Daily Mail* todos los días. Cada vez que ese periódico habla de mí lo hace desde el machismo al considerarme un apéndice de mi marido. Les sorprende que hable y tenga voz propia. Me han dicho de todo. Recuerdo una vez que Nick me propuso acompañarle a un colegio para anunciar una medida liberal acerca de subvencionar los comedores infantiles. Acababa de hacerse pública mi iniciativa de Inspiring Girls y siempre me ha preocupado el tema de la alimentación infantil. Al día siguiente, salió una página y media en el *Daily Mail* que venía a decir que cómo me atrevía a ir a un colegio porque como yo trabajaba no estaba acostumbrada a hacerlo y les daba miedo a los niños. Increíble pero cierto. Y también en el trabajo, en el día a día, vives situaciones sexistas que no sabes identificar pero que tiempo después te das cuenta de que lo son. Por ejemplo, tuve un mentor en uno de mis trabajos que me apoyó muchísimo. Pues a veces llegaba a la oficina y me daba un beso en la frente. Nunca me pareció mal porque era solo un gesto de cariño pero hubo un día que pensé: «Fíjate, si llego yo y a uno de mis asociados hombres voy y le doy un beso en la frente, llaman a los servicios sociales y me encierran seguro». Hay pequeñas cosas que toleras que en el fondo te sitúan en un escalón distinto y creo que las debes identificar porque hay que cortarlas.

Volviendo a los tabloides, ¿consideras que son machistas porque sus lectores lo son?

Ahí se produce un círculo vicioso pero siempre he hecho responsables a los editores. Ahora que nos hemos ido a California me encuentro artículos con frases como: «Miriam estará ahora dedicándose a encontrar la tintorería», y yo me pregunto: ¿por qué has asumido tú que es mi tarea buscar la tintorería? Le preguntaría al periodista: ¿tú escribirías en esos términos sobre una discriminación religiosa o racial? No lo haría porque el discurso del respeto hacia la diversidad religiosa o racial está interiorizado y, sin embargo, los periódicos siguen discriminando respecto al género. Pues que se pongan las pilas los editores, que tampoco es tan difícil. Yo te he visto a ti hacer eso en televisión: surge un comentario de ese ruido de fondo sexista y o tú lo cortas o alguien a tu lado lo corta. Se trata de que en la prensa escrita también lo hagan.

¿Con qué etiqueta de las que te han puesto en algún momento te identificas menos: con «Hurricane Miriam» (Huracán Miriam) o con «Lady Clegg»?

Con «Lady Clegg». Defiendo que parte de tu dignidad es el hecho de que no seas considerada como accesorio de nadie. Llamarme «Lady Clegg» simplemente indica que mi marido es más conocido, lo

cual es verdad. Pero en los tabloides el mensaje va más allá: «Tú no vales nada, todo tu valor es porque vives con ese señor». ¿A mí en pleno siglo XXI vas a decirme eso? ¡Pero si mi currículum le da mil vueltas a los que me lo dicen!

Esta reflexión tuya me encanta: «Si no tenemos hijos, se asume que estamos frustradas. Si cuidamos de nuestros niños en casa, dicen que no trabajamos. Si tenemos un empleo, se nos retrata como "madres a tiempo parcial" o incluso como "malas madres". Si logramos el éxito profesional, intimidamos. Si seguimos la moda, somos artificiales. Si nos interesa la ciencia, somos empollonas. Si leemos revistas femeninas, somos frívolas y, si defendemos nuestros derechos, inflexibles».

Sigo estando ciento por ciento de acuerdo. Lo dije cuando empezó Inspiring Girls y seis años más tarde seguimos con las mismas etiquetas, son prejuicios que se te meten en la cabeza. Es parte de la culpabilidad que llevas.

Eres madre de tres hijos varones, ¿cómo inculcas a tus hijos esos valores de igualdad?

Lo primero de lo que hay que ser consciente es de que no eres la única influencia de tus hijos. Para una mujer como yo, que siempre ha creído en la igualdad, fue tremendo descubrir que mis hijos en un momento dado rechazaban frontalmente el color rosa: ¿cómo ha llegado esto a sus cabezas si yo nunca he hecho este tipo de distinciones? Te das cuenta entonces de que viene por los amigos, por el colegio, etc. Siempre intentas educar en valores aunque te equivoques muchas veces. Yo, por ejemplo, he tenido muy presente esa carga emocional de que, como trabajaba mucho durante la semana, el fin de semana intentaba hacer en casa más de lo que normalmente hubiese hecho, como si estuviese en deuda. Tengo dudas de que realmente sea la mejor opción, a veces pienso que sería preferible no hacer tanto para que se acostumbren a hacerlo ellos. Aunque la mejor educación es, sin duda, dar ejemplo. Jamás me he sentado con Nick a decir: «Venga, hacemos todo al cincuenta por ciento». De hecho, no lo llevamos al cincuenta por ciento. Pero lo llevamos con respeto, eso sí. Es importante nunca considerarse uno por encima del otro y, sobre todo, una cosa que a mí me obsesiona: que no parezca que el éxito de uno tiene que venir a costa del sacrificio del otro. Eso de «¿quién lleva los pantalones en casa?» es una frase que erradicaría, las parejas no deberían ser así. Creo que esa situación de respeto en casa al final te entra por osmosis si eres un niño aunque es muy complicado criar a tus hijos. Tengo a dos adolescentes y toco madera para que salgan bien.

Personalmente, comencé a verbalizar que era feminista hace tan solo dos años. ¿Cuándo fuiste consciente de que tú lo eras, Miriam?

Me considero feminista desde siempre. Este debate, que empezó en España hace dos años y que coincidió en el tiempo con el movimiento *#MeToo*, se lleva hablando abiertamente desde hace una década en Nueva York, en Londres, en el mundo anglosajón en general. Estoy en un grupo liderado por Annie Lennox que es una mujer supercomprometida y que fue de las primeras en verbalizar que era feminista y que serlo no conllevaba ni quemar sujetadores ni renunciar a la depilación. En cualquier caso, el cambio más definitivo que he visto es cuando los hombres se han lanzado a las manifestaciones. Lo veo con mis hijos y con muchos hombres que conozco, les da igual cómo lo llames, pero apoyan el movimiento y la igualdad.

¿Qué te parece que a las feministas haya quien las llame «feminazis»?

Bueno, perdóname, pero es que ese término se da en España sin ningún tipo de consecuencias porque España no participó en la Segunda Guerra Mundial, porque tú en el resto de los países equiparas lo que te pueda decir una mujer que defiende sus derechos con una persona que estuvo involucrada en la masacre nazi, que costó la vida a millones de personas, y se te cae el pelo. Me parece una falta de respeto social utilizar ese término y no sé ni cómo lo reproducen los medios.

¿Qué cualidades consideras que tenemos las mujeres para liderar equipos?

Considero que las cualidades personales y profesionales no las da el género. No estoy de acuerdo con esa corriente que afirma que las mujeres escuchamos más, somos mejores negociadoras, hacemos mejores equipos... Yo, qué quieres que te diga, mi experiencia no es esa. Hay hombres fantásticos que son muy inclusivos en los equipos y mujeres terribles, y al revés. No tienes más que ver a Theresa May, que parecía que cuando las mujeres llegasen al poder en el Reino Unido iba a ser todo fantástico y es tan inútil como muchos de los hombres inútiles que hay en política.

¿Por qué crees que hay tan pocas mujeres CEO en España? ¿Es tan solo una cuestión de conciliación?

No, no es solo un problema de conciliación. Hay más factores. Primero, una falta de referentes femeninos en los puestos de alta dirección. Por eso, una de mis luchas es convencer a esas mujeres que llegan arriba para que se expongan públicamente sin miedo a las críticas. Segundo, es cierto que, por las reducciones de jornada, las mujeres se quedan atrás en muchas promociones profesionales, pero también esa inseguridad y esa falta de confianza que nos acompaña desde la niñez nos frenan a la hora de exigir mejoras o ascensos. Yo misma me he forzado a pedir a mis jefes ciertas cosas que nunca me llegaban. Y también hay una política de miedo a correr riesgos en los procesos de selección, que siempre acaban por escoger candidatos del mismo perfil. La falta de diversidad deja a las mujeres en minoría en los despachos de alta dirección y en los consejos de administración. Aunque, cuidado, hay mujeres que entran en estos consejos y luego no hacen nada, que están ahí para aportar un punto de vista distinto y no lo aportan. No es solo llegar; es también actuar.

¿Estás a favor de la discriminación positiva para romper el techo de cristal?

Reconozco como abogada que intentar corregir una discriminación con otra me chirría. Ahora bien, sí creo que una discriminación temporal es quizá la mejor manera de alcanzar la igualdad. Lo que sí me parece importantísimo es que estos compromisos de cuotas no sean de bajo nivel. En el Reino Unido se creó y extendió a muchos países el denominado «club del 30 por ciento», es decir, que la cuota de mujeres ejecutivas fuese de ese porcentaje, pero ¿por qué el 30 por ciento y no subirlo hasta el 50 por ciento? En algunas ocasiones seremos menos del 50 por ciento en otras un poco más, pero la aspiración tiene que ser el 50 por ciento.

«No estoy de acuerdo con esa corriente que afirma que las mujeres escuchamos más, somos mejores negociadoras, hacemos mejores equipos.»

Cuarenta y dos mil millones de euros es lo que se ahorran los empresarios en España por pagar menos a las mujeres. ¿Qué hacemos con la brecha salarial?

Hay dos tipos de brecha. Una es la que se produce cuando los hombres ganan más que las mujeres porque son ellos los que ocupan los puestos más altos y con más responsabilidad en las empresas. Esta es la desigualdad más difícil de corregir aunque hay compañías que están poniendo en marcha iniciativas fantásticas, que están llevando a cabo estudios muy serios sobre cómo mejorarían su rendimiento si contratasen a más mujeres. Las cifras avalan que la diversidad es rentable. Luego hay otra vertiente de la brecha salarial que es la ilegal, y es que a dos personas que hacen el mismo trabajo se las remunera de manera diferente según el género. Soy abogada de *compliance* («cumplimiento reglamentario») y si alguien sospecha que en una empresa hay un problema de corrupción o fraude en impuestos, se pone en marcha una inspección porque es una situación ilegal. Ahora bien, si se sospecha que en una empresa hay una discriminación salarial según el género, ¿qué pasa? Que es la víctima la que debe informar, que solo se actúa si la discriminación es de una dimensión concreta... Si hubiera un organismo encargado de inspeccionar y sancionar este tipo de situaciones, no pasaría lo que pasa. No entiendo por qué con temas que afectan a las mujeres las administraciones actúan de una manera distinta que con el fraude fiscal, por ejemplo.

Es que es grave, estamos hablando de salarios un 20 por ciento menores por un mismo trabajo. Estamos hablando de que tenemos que trabajar diez años más para ganar lo mismo realizando el mismo trabajo.

Sí, pero ahí están metidas esas dos cosas, la parte ilegal y luego la brecha salarial por estar en puestos más bajos.

¿Qué te parece que Pablo Iglesias, líder de Unidas Podemos, haya compartido la baja de maternidad con su mujer, Irene Montero?

Considero estupendo que lo hagan, todo ese tipo de ejemplos son fundamentales. Creo que se tiene que dar publicidad a estas decisiones que suponen un cambio social. Defiendo firmemente que, dentro de la legalidad, cada uno ha de poder hacer lo que quiera. He tenido tres bajas por maternidad muy distintas las unas de las otras y al final encontré la que a mí me venía mejor. Una vez más, es una cuestión de libertad individual.

¿Estás al tanto del ascenso del partido de ultraderecha Vox en España? ¿Conoces sus críticas a la ley de violencia de género?

Me parece indignante sobre todo el tema de las denuncias falsas. Está claro que en un asunto como la violencia de género hay denuncias falsas pero como en todos los ámbitos. Hay denuncias falsas sobre robos para cobrar el seguro y no por eso debes eliminar ni el seguro ni la legislación sobre ese delito. Las denuncias falsas por violencia de género que más se interponen son las denuncias cruzadas de los hombres contra las mujeres en el momento que ellas presentan una denuncia. No tienes más que irte una mañana a uno de los juzgados de ese tipo de delitos y ver cómo van pasando agredidas denunciadas por sus agresores. Al miedo a las represalias se une el miedo a tener un problema legal, lo que explica que haya cantidad de acusaciones que son retiradas por las víctimas. Esto lo sabe cualquier eslabón de la cadena de justicia que trabaja con las mujeres maltratadas y nadie hace nada. Esa es la realidad de las denuncias falsas. Por suerte, tanto en este tema de la violencia contra las mujeres como en el del aborto no creo que se pueda dar marcha atrás como piden algunos. Estoy segura de que la respuesta social sería abrumadora.

¿A qué mujer admiras más?

Admiro a todas esas mujeres anónimas que trabajan dentro y fuera de casa, que para llegar a final de mes tienen que coger varios trabajos precarios, a las que no pueden conciliar y encima van por la vida con una sonrisa en la cara. Hay miles de mujeres a las que admiro y muchos hombres también.

¿Si pudieses hablar con la Miriam niña qué le dirías?

Que tiene que aceptar que en la vida las cosas no siempre salen como una quiere, que lo importante es seguir una línea de responsabilidad y coherencia. Y que no se olvide de disfrutar de la vida, creo que hay etapas que podría haber disfrutado más y agobiarme menos por cosas que luego no han sido tan importantes. La vida está para disfrutarla.

Joaquim Bosch Grau

Magistrado y jurista, exportavoz de Juezas
y Jueces para la Democracia

«El 80 por ciento de las más de mil mujeres asesinadas por violencia machista no había denunciado. Necesitamos cambios judiciales, policiales y asistenciales para que las maltratadas busquen y obtengan protección. Y cuestionar al machismo indecente que criminaliza a todas las denunciantes.»

Joaquim Bosch Grau

Cullera, 1965

Joaquim Bosch ingresó en la carrera judicial por oposición en el año 2002. Ha desempeñado su actividad profesional en los juzgados de Barcelona, Denia, Vinaroz y Massamagrell. En la actualidad, es juez del Juzgado de Primera e Instrucción nº 1 de Moncada, Valencia, en cuyo partido judicial es el Magistrado Decano.
En mayo de 2012, fue elegido miembro del secretariado y portavoz nacional de Juezas y Jueces para la Democracia, cargo en el que fue reelegido en junio de 2014. Ha finalizado este mandato en junio de 2016, tras agotar el tiempo máximo previsto en los estatutos de la asociación. Posteriormente ha sido nombrado portavoz territorial de Juezas y Jueces para la Democracia en la Comunidad Valenciana.

Bosch ha realizado actividades investigadoras y docentes como director y ponente de cursos de formación de magistrados en el plan estatal del Consejo General del Poder Judicial y en el plan autonómico de la Conselleria de Justícia de la Comunitat Valenciana. En este ámbito ha llevado a cabo diversos estudios sobre aspectos procesales relativos a la prueba, a la naturaleza de las partes en el procedimiento o a la problemática de los matrimonios en el ámbito del Registro Civil. Asimismo, ha realizado diversos trabajos sobre inmigración y refugio en el departamento de Filosofía del Derecho de la Universitat de València. Ha participado como ponente en diversos congresos de ámbito estatal e internacional. Cuenta con el título de especialista en Derecho Civil Catalán y en Derecho Civil Valenciano. Ha impartido numerosas conferencias vinculadas a temas jurídicos, sobre cuestiones como la regulación legal de los delitos sobre violencia de género, el principio de igualdad, la reforma del aborto, los delitos contra el honor, el acoso laboral, las rupturas familiares, la reforma del Código Penal, la Ley de Seguridad Ciudadana, el alcance de los derechos sociales o las ejecuciones hipotecarias.

Joaquim colabora habitualmente en varias publicaciones jurídicas y en la sección de opinión de diversos medios de comunicación. También participa como experto y representante asociativo judicial en varios programas de televisión como *Al rojo vivo*, *El intermedio*, *La sexta noche* o *La mañana*. Además, ha escrito el libro *El secuestro de la justicia. Virtudes y problemas del sistema judicial*, junto con el periodista Ignacio Escolar.

En el plano personal, el juez Bosch está casado y es padre de dos chicos de once y quince años. Consciente de que la conciliación familiar es asunto de hombres y mujeres, solicitó plaza en los juzgados de Moncada, ya que se encuentran muy cerca del centro de estudios de sus hijos. Asegura que en su casa se intentan corregir inercias adquiridas respecto a las tareas del hogar y los cuidados y, «aunque nos esforzamos por que el reparto sea equitativo, es verdad que la mayor carga le toca a mi mujer». Joaquim y su esposa debaten a menudo con sus hijos sobre la discriminación hacia las mujeres y la violencia machista. «Somos conscientes de la responsabilidad de educar en tiempos de acceso masivo al porno a dos chicos varones adolescentes. No les prohibimos nada, pero sí les explicamos los peligros de la pornografía y las actitudes que generan, como la proliferación de manadas.»

¿Un hombre puede ser feminista?

Creo que los hombres pueden y deben defender las ideas del feminismo, que, básicamente, dicen que haya plena igualdad entre mujeres y hombres. También pienso que esa lucha es más comprensible que sea encabezada por mujeres, porque, de lo contrario, podría no tener la visibilidad suficiente y parecer otra causa en la que los hombres llevamos la voz cantante. Puede haber hombres feministas, pero tienen que estar mucho más en la retaguardia que las mujeres, que son las que han de estar al frente de la movilización igualitaria.

¿Tú te declaras feminista, eres un juez feminista?

Sí, lo soy. La RAE dice que el feminismo es la defensa de la igualdad de derechos entre hombres y mujeres. Las otras acepciones son deformaciones lanzadas por parte de quienes están en contra de esa igualdad y caricaturizan al feminismo para desvirtuar sus principios, planteando que, al igual que el machismo quiere la superioridad de los hombres, el feminismo defiende la supremacía de las mujeres. Pero, ni etimológicamente ni socialmente, el feminismo significa otra cosa que la lucha por la igualdad.

¿Por qué hay hombres que se dedican a desprestigiar continuamente el movimiento feminista?

Hay un principio repetido a lo largo de la Historia que es que «nadie renuncia a sus privilegios sin ofrecer resistencia». Está claro que hay una desigualdad estructural muy importante en nuestro país en ámbitos muy diferentes: sociales, profesionales, económicos... En los últimos años sí que ha habido un discurso muy intenso en defensa de la igualdad de género y esto ha tenido consecuencias. Que las mujeres conquisten derechos supone correlativamente que los hombres pierdan privilegios y, por tanto, la reacción casi siempre es embestir contra el feminismo y la igualdad de género o caricaturizar y desprestigiar.

Ponme ejemplos de conquistas del discurso feminista de los últimos años.

Sin duda, los ejemplos más llamativos, y los he vivido de cerca por mi trabajo como juez, están relacionados con la violencia machista. Estas denuncias antes eran consideradas una falta que tenía una pena muy baja, una multa en la mayoría de los casos. Cuando el movimiento feminista reivindica cambios en el Código Penal, esta lucha cristaliza en la Ley Integral, donde esas faltas comienzan a ser delitos y algunos con penas de prisión. Lo que antes pasaba casi desapercibido en la sociedad y estaba medio escondido, de repente, se convierte en un problema de carácter incluso penal con consecuencias serias. Los hombres que agreden a mujeres son detenidos, algo que no sucedía cuando se consideraba falta, y esto provoca que todo el vecindario y toda la familia se enteren de estos hechos con penas que pueden llevarles incluso a la cárcel o, en muchos casos, suponerles realizar trabajos en beneficio de la comunidad. En los últimos años han sido condenados cientos de miles de hombres en nuestro país.

«Que las mujeres conquisten derechos supone que los hombres pierdan privilegios y, por tanto, la reacción casi siempre es embestir contra el feminismo y la igualdad de género o caricaturizar y desprestigiar.»

¿Cuántos miles?

En el último año han sido condenados 27.972 hombres según los datos del Consejo General del Poder Judicial. En los últimos quince años se estima que la cifra total supera los 200.000. Hablamos de una conducta que afecta a cientos de miles de hombres que antes estaba invisibilizada y ahora genera condenas. Es evidente que esta realidad provoca una reacción en el sentido contrario: intentar derogar todas las leyes en materia de violencia de género y volver a invisibilizar este tipo de violencia bajo el epígrafe de «violencia intrafamiliar». No es lo mismo que dos hermanos se peguen a que un hombre agreda a su pareja. No es lo mismo por la discriminación estructural que comporta que la mujer sufra todo ese tipo de delitos.

¿Por qué hay víctimas de la violencia machista que no fueron asesinadas por sus parejas que se quedan fuera de los recuentos de mujeres asesinadas? Las niñas de Alcàsser, Laura Luengo, Diana Quer...

Pues porque nuestro país todavía no ha desarrollado lo que marca el Convenio de Estambul, que dice que violencia de género «es toda aquella violencia que sufre una mujer por el mero hecho de serlo», dentro y fuera del ámbito familiar. Este convenio no solo indica que esos casos deben ser incluidos dentro de la violencia machista, sino que los países firmantes del tratado, entre ellos España, deben adoptar una serie de medidas de protección que todavía hoy no se toman en nuestro país. Por ejemplo, cuando una mujer denuncia que ha sido agredida por su marido, se le aplican una serie de medidas —insuficientes en mi opinión— que están en la Ley, como tener derecho a un abogado y a asistencia social y psicológica. Pero, si la que denuncia es una víctima de violencia sexual, no tiene derecho a ese tipo de medidas. Tiene que venir con su propio abogado, no tiene acceso directo a asistencia psicológica...

Hay, sin embargo, voces preocupadas por el desamparo que aseguran sufrir los hombres por la Ley Integral de Violencia de Género.

Eso es absolutamente falso. La legislación actual establece diversos grados de protección y, si una mujer agrede a su marido, hay un umbral de protección suficiente. Lo único que ocurre en algunos casos de amenazas, casos muy puntuales, es que la pena es levemente superior si el condenado es un hombre que si es una mujer. Y esto ocurre para que no vayan a más las amenazas. Pero si una mujer agrede o insulta a su marido o pareja, el hombre tiene la protección del Código Penal, que es superior a la protección en otros supuestos. Te pongo un ejemplo clarísimo: si un señor en la calle recibe un bofetón o un puñetazo por parte de otro hombre, este deberá cumplir una pena inferior que si es su mujer la que le da el puñetazo. Ante una agresión, un maltrato, cualquier abuso, el hombre está más protegido si es su mujer la agresora que si es agredido por otro hombre. Lo que se protege es la integridad familiar y del hogar. No es cierto que el hombre esté desprotegido. En el caso de asesinatos, por ejemplo, hombres y mujeres tienen la misma pena.

Los críticos con la Ley consideran que los hombres están desamparados porque con la actual legislación se encuentran bajo sospecha y esgrimen las cifras de las denuncias falsas por malos tratos.

Lo de las denuncias falsas es un bulo provocado por esa reacción de la que hablábamos de ir a la contra cuando tenemos cientos de miles de hombres condenados. En la Escuela Judicial, como prácticas obligatorias, nos ofrecieron ir a prisión a hablar con familiares de condenados y todos te decían: «esto no puede ser» o «era mentira la denuncia» o «el juez se equivocó». Hay una tendencia muy humana a minimizar o negar la culpa, es muy raro que alguien reconozca que ha hecho algo mal. Cuando tienes cientos de miles de hombres condenados por algo que antes estaba invisibilizado, la reacción siempre es cargar contra el sistema, contra las mujeres... Pero los datos están ahí y las cifras oficiales son las que son. El 0,01 por ciento de denuncias falsas que dice la Fiscalía coincide con lo que yo veo en los juzgados.

Estamos hablando de que un ínfimo 0,01 por ciento de las denuncias por malos tratos son falsas.

Sí. Llevo más de quince años como juez instructor y en toda mi vida laboral habré instruido unos siete casos de denuncias falsas contra hombres. En quince años, siete casos. En este último mes habré instruido unas veinte denuncias falsas por simulación de robo del móvil para cobrar del seguro. Puede haber denuncias falsas, pero no es un problema de política criminal porque es irrelevante.
Lo que ocurre es algo muy diferente, que es que hay un porcentaje muy alto de archivos, por un lado, y de sentencias absolutorias, por

otro. Esto no significa que una denuncia sea falsa: una denuncia es falsa cuando una señora dice que le ha pegado su marido y el marido demuestra que estaba en Nueva York de viaje, pero que la señora retire la denuncia porque tiene una situación de dependencia económica, afectiva, psicológica, social o porque no se atreve a dar el paso no la convierte en una denuncia falsa. Hay que probar que esa denuncia es falsa. Si la señora da marcha atrás o va a juicio y no es capaz de demostrar el delito —algunos, como los maltratos psicológicos o las amenazas, son complicados de probar—, no convierte su denuncia en una falsedad. Si no hay ningún delito, *in dubio pro reo,* lo que demuestra que el hombre no está desamparado, sino al contrario. El número de sentencias absolutorias lo que pone sobre la mesa es que los juicios son garantistas y que, ante una prueba insuficiente, se absuelve igual que en otros delitos.

160.000 denuncias, solo 30.000 condenados, ¿qué está pasando?

La agresión física es muy fácil de comprobar: si tú dices que una persona te ha pegado y tienes un parte de lesiones y demuestras que él estaba allí, quien tiene que demostrar que no es así es la otra persona. Pero hay una serie de delitos difíciles de probar: una bofetada, una amenaza, un empujón... no dejan huella. Lo fundamental y llamativo es que hay un porcentaje muy alto de mujeres que dan marcha atrás y no se atreven a llegar hasta el final. El verdadero problema es este y no que haya denuncias falsas. Muchas mujeres que denuncian una agresión después se acogen, por el motivo que sea, a su derecho a no declarar. Si la mujer denuncia haber sufrido violencia ante la Guardia Civil pero no ratifica el delito en sede judicial, no vale para nada lo que dijo y no hay pruebas suficientes.

Un 80 por ciento de las más de 1.000 mujeres asesinadas a manos de sus parejas o exparejas no había denunciado. A ese porcentaje hay que sumar las mujeres que denuncian y se echan atrás. ¿Qué se puede

hacer desde tu experiencia? ¿Qué podemos hacer entre todos para cambiar esto?

Los datos oficiales hablan de una enorme bolsa de violencia oculta, cientos de miles de casos que no se denuncian. Hay una clave para que eso suceda: nuestro sistema judicial no está lo suficientemente formado para generar una confianza en las mujeres. Las mujeres desconfían del sistema, creen que no van a estar protegidas y no van a tener salida. Además, hay una serie de situaciones de dependencia que son difíciles de romper si no se confía en las instituciones. A mí me ha pasado que mujeres después de ser apaleadas han venido a suplicarme, entre lágrimas, con huesos rotos y collarín, que no envíe a prisión a su agresor porque es buena persona y va a cambiar. ¿Cómo rompes con eso? Pues hace falta un sistema institucional muy enfocado a entender el problema, es necesaria una formación en perspectiva de género. Comprender por qué una señora que ha estado a punto de morir a manos de su marido es capaz de venir llorando para pedir clemencia para su verdugo. Si esto no se entiende, lo que ocurre es que se actúa con sesgos machistas y de género: «es que son tontas», «es que en el fondo tienen merecido lo que les pasa». Y también hay que decirlo: en determinados sectores judiciales y policiales, hay machismo y hace falta romperlo con una formación adecuada. El primer eslabón judicial para las víctimas debería ser el asistencial y policial: una mujer, si se quiere marchar de casa, debe tener la seguridad de que va a ir a algún sitio, seguridad que hoy en día no se tiene. Y en el ámbito policial, si la mujer da el paso de denunciar, las primeras actuaciones son muy importantes. Si tú vas a la policía y lo que recibes es «mira esta, qué exagerada», esa mujer no va a seguir adelante. No podemos descargar todo el peso institucional sobre la declaración de una mujer que muchas veces tiene presiones internas muy fuertes y se acoge a su derecho a no declarar. Esas primeras actuaciones policiales son fundamentales porque ahí la policía de oficio ya puede demostrar que la agresión existe aunque la mujer se vuelva atrás. Claro, si la policía sigue con su protocolo actual, esto no funciona. Faltan medios judiciales, falta formación, faltan instrumentos, falta presupuesto...

Que las mujeres maltratadas no denuncien o no lleguen hasta el final porque no confían en el sistema me ha dejado helada.

Cuando las mujeres ya han pasado la primera fase y las citamos en los juzgados, llegan perdidas. No hay un protocolo de asistencia social, de acompañamiento para que en que todo momento sepan que están arropadas. ¿Sabes algo que he detectado? Que, si vienen acompañadas, suelen mantener las denuncias; sin embargo, cuando vienen solas y desorientadas, hay serias posibilidades de que no sigan adelante. ¿Es eso una denuncia falsa? ¿Una mujer que viene llorando y al final da marcha atrás porque no sabe qué hacer? Cuando me pasa esto, yo no tengo la más mínima duda de que el hecho que me cuentan ha existido, pero si solo tenemos su declaración, no la ratifica y retira la denuncia...

«Muchas mujeres que denuncian una agresión después se acogen, por el motivo que sea, a su derecho a no declarar. Si la mujer denuncia haber sufrido violencia ante la Guardia Civil pero no ratifica el delito en sede judicial, no vale para nada lo que dijo y no hay pruebas suficientes.»

Me da mucha pena.

Es que da mucha pena. Esto es nuestro día a día y yo creo que genera, ante la falta de información, cierta insensibilización, genera actitudes poco empáticas. Falta mucha empatía. Por eso insistimos en que hace falta incorporar una plena formación de género para comprender todos esos problemas en los juzgados y más si son juzgados cargados. En general, el sistema institucional no está preparado para una respuesta proporcionada.

Hablemos de «La manada» de Pamplona. ¿Qué supone la primera sentencia para la justicia española y para el feminismo?

Creo que esa sentencia inicial fue como un jarro de agua fría para gran parte de la sociedad porque el tema se había mediatizado mucho, había generado un debate en la calle como pocos temas lo han hecho sobre la violencia machista. Se esperaba un fallo proporcionado a los hechos y, entonces, la sentencia no solo tuvo elementos jurídicos discutibles, sino que, además, contó con un voto particular que sorprendió a la sociedad. Cómo era posible que el juez instructor, los tres jueces de la Audiencia que habían ratificado la prisión provisional, los fiscales, la policía que había analizado esos vídeos y dos jueces hubiesen visto que una víctima gemía de dolor y un tercer juez de un tribunal la vio gemir de placer. Entre el voto particular y la lectura de que aquello no era violación, sino abuso se generó cierta decepción, porque, para algunas cuestiones, no hace falta ser un experto en temas jurídicos. Creo que la gente sí puede hacer una valoración al respecto de que no sea intimidatorio, y que sea un mero abuso que cinco hombres pueden llevar a una mujer a un habitáculo reducido, de cinco por cinco, y la obliguen a mantener relaciones sexuales contra su voluntad. Y si esa valoración popular es mayoritariamente crítica, al menos debe llevar a los tribunales a reflexionar. Eso no significa que los jueces debamos dictar sentencias en función de lo que dice la calle, pero si la calle considera que hay un distanciamiento muy fuerte con su judicatura, hay que ver si tiene razón y analizar qué está pasando. Yo no creo que el Tribunal Supremo revocara la sentencia por lo que decía la calle, pero sí que aportó una reflexión en profundidad sobre si, en esos supuestos, en ocasiones, hay una jurisprudencia muy masculinizada históricamente que minimiza estas situaciones, que quita credibilidad a los testimonios de las mujeres, que banaliza...

Que cuestiona a la víctima.

Que cuestiona a la víctima. Recuerdo aquellas sentencias que decían que la mujer es la que provoca cuando lleva una minifalda o que cuando la mujer dice no realmente está diciendo sí. Plantear que lo de «La manada» no supone una situación que anula la voluntad de la persona e imposibilita su resistencia fue un error. Es un error jurídico. Y la segunda sentencia avivó más el debate, porque hubo tres jueces que seguían pensando que era abuso, pero ya hubo dos que consideraban que era violación, y la última sentencia, la del Supremo, es una sentencia ya por unanimidad. Creo que, a pesar de las críticas, el debate ha sido productivo y esta sentencia es muy importante porque marca una línea que seguir y, de hecho, en otros supuestos como el «Caso Arandina», por ejemplo, están aplicando criterios jurisprudenciales que ha marcado el Tribunal Supremo con la sentencia de «La manada» de Pamplona.

¿Crees que llegará a reformarse para esos casos el Código Penal?

Pienso que sería positivo que se realizaran algunos cambios en el Código Penal para matizar más algunas situaciones y determinar, por ejemplo, dónde está el consentimiento. No haría falta si no hubiera interpretaciones discrepantes de los jueces, pues considero que el Código Penal ya nos dice que la mujer debe decir que sí.

Solo sí es sí.

Claro, pero como hay interpretaciones de los jueces que en algunos casos plantean si una mujer llegó a decir que no, en lugar de preguntar si dijo que sí, creo que hay cuestiones del Código Penal que podrían perfilarse más. En todo caso, hasta que lleguen las reformas, creo que sentencias como la del Tribunal Supremo con «La manada» nos demuestran que una interpretación correcta, adecuada, respetuosa con la libertad sexual de las personas da instrumentos suficientes. Pero siempre sería positiva una reforma que aclarara más algunos conceptos.

¿Siempre ha habido tantas manadas?

No, yo creo que no.

«Nuestro sistema judicial no está lo suficientemente formado para generar una confianza en las mujeres. Las mujeres desconfían del sistema, creen que no van a estar protegidas y no van a tener salida.»

¿Se ha producido entonces un efecto llamada?

Aunque los estudios no son lo suficiente sintomáticos, todos coinciden en señalar que en los últimos diez años se ha producido un incremento progresivo de las violaciones grupales y mi impresión es que esto se debe a dos factores fundamentales. El primero es la influencia de la pornografía de acceso libre y masivo que no existía hace cuarenta años y que condiciona los hábitos de la gente más joven. Esto es una forma lamentable de educación sexual. Y, por otro lado, esto no se hace para conseguir placer sexual sino como una exhibición de poder ante el grupo. Muchos de estos agresores sexuales en manada nunca actuarían así individualmente. Es un acto de reafirmación ante el grupo y de mostrar poder ante una mujer indefensa. Otro elemento fundamental es la grabación de estos hechos y la posterior difusión en grupos. Esa combinación de acceso libre a todo tipo de pornografía y el uso de instrumentos tecnológicos avanzados son algunos de los hechos que explican el incremento de las violaciones grupales y, por tanto, hacen falta respuestas jurídicas adecuadas también a estos cambios sociales.

¿Crees que las violaciones grupales u otros tipos de violencia hacia la mujer se ven incrementados precisamente por esa pérdida de poder de los hombres?

Sí. Parece claro que hay un contexto de irritación ante los avances de las mujeres en cualquier campo y en especial en el tema de la violencia machista. Estamos hablando de unos 200.000 hombres condenados, es un dato importante. Si multiplicamos por familiares cercanos, amigos, conocidos, el impacto que esto tiene es claro. Por eso no puede sorprendernos que haya fuerzas políticas a las que esto les pueda resultar atractivo porque al final son votos, es mucha gente. Pensar que los avances de las mujeres en todos los ámbitos se están produciendo con el aplauso y beneplácito de la mayoría de los hombres es una ingenuidad. Creo que incluso los hombres más comprometidos vemos que esto limita nuestras posibilidades. Me parece justo que las limite, pero es evidente que lo hace. Si en determinados ámbitos las mujeres llegan más alto y más lejos, de manera libre o a través de cuotas están ocupando espacios que antes dominaban los hombres.

El número de juezas supera ya al de jueces; sin embargo, cada inicio del curso judicial ni una sola mujer lleva toga en la fotografía junto al rey. ¿Cómo es posible?

Ahí está la combinación de dos factores: el machismo se combina con el diseño de una cúpula judicial partidista y, a veces, también amiguista. Las mujeres son ya mayoría en la carrera judicial y en cambio en la cúpula son solo el 15 por ciento. ¿Cómo se explica eso? Pues porque, cuando se accede a la carrera a través de méritos objetivos de capacidad, es decir, a través de oposición, donde no hay margen para intervenir, la mujer accede en igualdad de condiciones o incluso destaca por encima del hombre. Pero a la cúpula judicial no se accede a través de una oposición objetiva, sino mediante herramientas discrecionales donde hay un margen más amplio. Hemos tenido muchos casos de mujeres más antiguas en el escalafón, con muchos más méritos objetivos que los hombres, y que sea el hombre el nombrado.

Si en los currículos no se dijera nombre, ni hubiera una foto, a igualdad de méritos, habría más mujeres o al menos habría más mujeres que ese 15 por ciento de la cúpula judicial.

Si cuando el sistema es objetivo las mujeres acceden en igual o mayor medida que los hombres, ¿por qué cuando es más discrecional los hombres se llevan la palma? Hay infinidad de recursos de mujeres que han sido postergadas con más méritos, más publicaciones, más años de experiencia...

Pues sí que tiene que cabrear eso.

Claro, y tanto. El hecho de que el 80 por ciento de los nombramientos actuales sigan premiando a los hombres es una constatación del machismo estructural, es una asimetría clara y no justificada.

¿El machismo tiene ideología?

El machismo no debería tener ideología. Creo que perfectamente se puede ser conservador en algunas cuestiones de tipo económico o social y ser feminista, aunque la práctica nos demuestra que ideológicamente la parte conservadora siempre ha sido más machista.

Pero hay personas de izquierdas que son machistas.

Claro que los hay. Existen sectores conservadores que son muy igualitarios, e izquierdistas que son muy machistas.

¿Y el feminismo tiene ideología?

Creo que tampoco debería. El feminismo es un elemento de lucha por la igualdad, un principio que nadie debería discutir y que todos los actores sociales deberían defender. En la práctica, históricamente, han sido los movimientos progresistas los que más han apostado por los derechos de las mujeres, pero yo creo que, actualmente, en una sociedad como la nuestra, un partido político de derechas podría ser feminista, plenamente igualitario, y no pasaría nada. De hecho, en otros países europeos, como los escandinavos, los partidos de derechas son fuertemente igualitarios y feministas.

¿Cuál crees que debería ser el papel de los hombres en la lucha feminista? ¿Cómo podéis ayudarnos a conseguir la igualdad real?

Las sociedades no solo cambian con opiniones, sino que lo hacen con ejemplos personales. Hay un ámbito público e institucional donde es evidente que toca hacer reformas, pero luego hay un ámbito personal en el que la contribución principal de los hombres tiene que ser el ejemplo. Cuando decía antes que soy feminista, tengo claro que mi implicación nunca será como la de mi pareja. Por mi educación, por referentes, por mucho que me esfuerce, por ejemplo, en el ámbito del cuidado, en el ámbito doméstico, aunque me esforzara al máximo —y hago lo que puedo—, podría hacer más, seguro.

Tengo que hablar con tu mujer para que me dé su versión.

[Risas.] Habla con ella. Es un tema que lo hemos abordado muchas veces.

La educación pesa.

También pero al menos hay que plantearse el problema. Hay que intentar hacer el máximo, creo que ese es el papel de los hombres en el feminismo. Además del ejemplo que tenemos que dar a las generaciones que vienen detrás, porque nosotros nos hemos criado en un contexto educativo concreto que nuestros hijos ya no tienen. En casa, por ejemplo, mis hijos no ven los mismos hábitos entre sus padres o sus abuelos que yo vi en los míos, eran otros roles y otras concepciones. Eso tenemos que cambiarlo los hombres y no se soluciona con buenas palabras ni grandes principios programáticos. Cambiar esos hábitos a veces no es tan sencillo porque tienes que actuar contra una serie de precedentes, de hábitos sociales anteriores, de concepciones educativas, de inercias. Pero los hombres tenemos que hacerlo, es evidente que si los hombres no cambian nada cambiará.

Anabel Alonso

Actriz y presentadora de televisión

«El machismo se curaría si todos los hombres pasasen unos días viviendo como mujeres: trabajando dentro y fuera de casa cobrando menos, luchando por conciliar sin sentirse culpables, aguantando groserías por la calle o yendo con miedo solos de noche.»

Anabel Alonso

Barakaldo, 1964

Cuando me despedí de Anabel Alonso tras nuestra charla en un café del barrio de Argüelles, me entraron unas ganas enormes de subirme con ella en el coche que la había ido a recoger para seguir de palique. Disfruté mucho de nuestra conversación y también del rato que pasamos por la calle. Es de esas personas que te alegran el día y, probablemente, la vida. Hay comediantes que solo provocan carcajadas cuando trabajan. Sin embargo, Anabel es un cascabel también cuando nadie la ve. Afirma que siempre ha sido inquieta y rebelde, un carácter que seguro la ha animado a embarcarse en los proyectos tan dispares y sólidos con los que ha hilvanado su carrera. Alonso ha triunfado en todas las disciplinas que se ha propuesto: cine, teatro, televisión y doblaje. Ella se considera una cómica, pero brilla incluso cuando le toca ser la mala de la telenovela, como doña Benigna Castro en *Amar es para siempre*. Hasta tiene voz para ser cantante según el jurado de *Tu cara me suena*. Por extraño que parezca, aún le quedan asignaturas pendientes, una al menos: protagonizar una película de acción. «Me encantaría haber sido Lara Croft», dice con los ojos brillantes.

A sus cincuenta y cinco años afirma llevar la vida que quiere vivir. Ahí es nada. Anabel podría haber elegido disfrutar de los frutos cosechados en silencio, sin ofender a nadie, sin mojarse. Pero ella, que ha hecho reír al país entero durante décadas, se ha puesto muy seria con la actualidad política y social. Los temas que aborda desde su cuenta de Twitter no tienen ninguna gracia. Sin rastro de equidistancia, la Anabel tuitera reparte zascas a troche y moche, especialmente, a los políticos de las tres derechas y a sus votantes. Sus tuits más cañeros acumulan miles de *likes* y de comentarios a los que Anabel contesta contundente con pocos caracteres. Dentro y fuera de las redes, Alonso desafía con los brazos en jarras al machismo y a las propuestas políticas que considera «intolerables». Afirma que se niega a que las derechas le recorten ni un minuto de derechos a las mujeres.

En esta entrevista, Anabel denuncia el «machismo físico y fotogénico brutal» que sufren ella y sus compañeras a la hora de conseguir papeles. Además de talento, Anabel destapa que solamente a las actrices se les exige cumplir con unos cánones de belleza elevadísimos para poder trabajar, nunca a ellos, a los actores, que pueden ser protagonistas e incluso galanes sin necesidad de ser guapos. También se queja Alonso de la gran desigualdad de género que impera al otro lado de las cámaras, donde a las mujeres técnicas se las discrimina «muchísimo». Anabel defiende la sororidad dentro y fuera de los escenarios, y también visibilizar con naturalidad la homosexualidad femenina, labor que comenzó al dar vida al personaje de Diana Freire en la serie *7 vidas* y que remató al declarar hace unos años que su pareja era una mujer. «Ocultarlo es más morboso e innecesario», sentenció entonces. En un país en el que las mujeres que aman a mujeres están «no dentro sino detrás del armario», Anabel alza la voz sin chillar pero cargada de razones. «Cuando pago mis impuestos, nadie me pregunta de quién estoy enamorada. ¿Por qué no puedo entonces tener los mismos derechos si tengo las mismas obligaciones?»

¿Cómo eras de pequeña?

Era una niña muy inquieta, muy rebelde. Siempre digo que soy hija única pero la verdad es que perdí a dos hermanos a los que no conocí. Mi hermano murió un año antes de nacer yo y mi hermana cuando yo tenía dos años. Con lo cual me he criado sola como si fuera hija única, pero realmente no lo soy. Mis padres, que sobrellevaron todo aquel dolor que supuso perder a dos hijos en tres años sin psicólogos, ni medicación ni nada, nunca me pusieron ningún límite. Podrían haber sido muy sobreprotectores conmigo pero siempre me dejaron volar. Yo quería jugar al béisbol, me apuntaban, luego al baloncesto, también me apuntaban. Empecé todas las actividades del mundo: piano, solfeo, guitarra, inglés... y todas las dejaba a medias, me cansaba de todo rápido. Creo que si hubiese nacido ahora me habrían diagnosticado hiperactividad o déficit de atención, pero por entonces era simplemente una niña inquieta. Lo único en lo que al final me centré fue en el teatro. El teatro me gustó y me quedé. Creo que la libertad que me dieron mis padres junto con mi carácter insumiso me han ayudado mucho a seguir mi propio camino en la vida.

Qué generosos tus padres, que, después de haber sufrido tanto, podrían haberte sobreprotegido muchísimo y, sin embargo, te dieron alas.

Absolutamente, me dejaron volar sin dejar de preocuparse como padres por mi futuro. A los quince años, cuando vivíamos en Santurce, tuve claro que quería ser actriz, me metí en un grupo de teatro y conseguí una beca. Esa beca era en San Sebastián, tenía que irme de casa y ahí mis padres decían: «¿Pero por qué esta hija nuestra no es como las hijas de nuestros amigos, que quieren ser secretarias, médicos o dedicarse a sus labores y la nuestra quiere ser actriz?». Mi padre tenía muchas dudas con aquella beca porque no creía que la interpretación fuera una carrera segura. Eso me hizo pensar que quizá debía estudiar algo más. En aquella época había tres licenciaturas de tres años que eran enfermería, turismo y

magisterio. Yo me decanté por turismo: para magisterio me faltaba paciencia con los niños y para hacer enfermería me impresionaba demasiado la sangre. Estudié turismo compaginándolo con arte dramático y cuando tuve el título en la mano dije en casa: «Mira, papá, aquí tienes el papelito». La realidad es que nunca lo usé.
Me dejaron irme a Donosti con veinte años, volar de casa, y ellos se quedaron solos. Antes de ese momento, teníamos charlas en las que me intentaban disuadir de mi sueño de ser actriz, pero me senté con ellos y les dije: «Si a los cuarenta años soy una desgraciada, quiero debérmelo a mí misma». Ahí estuve lúcida porque igual otros habrían claudicado, pero yo tuve claro que, si me equivocaba con mi vida, quería equivocarme yo, no quería ser una desgraciada y echarles la culpa a mis padres. Afortunadamente, a mi padre le dio tiempo de ver que me fue bien profesionalmente.

Si te pregunto por tus referentes de la infancia, ¿de quién me hablarías?

La verdad es que tengo una familia muy migrante y muy desparramada por el mundo. Mi abuelo paterno era gallego, mi madre es argentina y mis padres acabaron conociéndose en Salamanca y luego se fueron a Bilbao, que es donde nací yo. Tengo familiares en Australia, Alemania, Perú, Valencia... Pero mi familia más cercana se reducía a mis padres y yo. Sí que tenía una prima que era la liberal, la rebelde. Fue madre soltera en los setenta y se casó con un judío marroquí. Era como la oveja negra de la familia y su vida me parecía lo más. Posiblemente, esa prima sería lo más parecido a un referente familiar. Luego, cuando yo veía la tele, me encantaba Valentina de *Los Chiripitifláuticos*, que era la más rebelde e independiente. Me gustaba también la presentadora María Luisa Seco. También me fascinaban Georgina de los libros de *Los Cinco* o Pipi Calzaslargas. Mis referentes de pequeña eran niñas y mujeres insumisas y fuertes.

Dejemos a la Anabel niña y hablemos de la Anabel adulta, en concreto, de la Anabel tuitera. Dicen de ti que eres el azote de las derechas en las redes. ¿Te sientes identificada con esa etiqueta?

No sabía que tenía ese don. [Risas.] Aunque he descubierto tarde el mundo de las redes sociales, es cierto que soy muy activa, sobre todo en Twitter. Me gusta porque es una plataforma en la que tú puedes contestar y rebatir, en especial, las mentiras, barbaridades y bulos que algunos políticos publican. Es indudable que el centro, la derecha y la ultraderecha, que antes estaban en un solo partido, pretenden hoy retroceder en la máquina del tiempo y eso a mí me indigna. No sé si soy su azote o no en Twitter, pero lo que no quiero es que me quiten ni media hora de derechos. Me niego.

Simone de Beauvoir decía: «No olvidéis jamás que bastará una crisis política, económica o religiosa para que los derechos de las mujeres vuelvan a ser cuestionados. Estos derechos nunca se dan por adquiridos, debéis permanecer vigilantes toda vuestra vida».

Totalmente de acuerdo. A mí lo que de verdad me sorprende no es que haya hombres que ataquen a las feministas, lo que me deja loca es que haya mujeres que no lo sean. El feminismo es igualdad, no es supremacía ni desempeñar roles, no es hacerte pasar por un hombre. Es *Vive la différence !* pero en la igualdad. El feminismo, al menos como yo lo entiendo, es que cada una haga lo que quiera: la que se quiera quedar en casa que se quede, la que su mayor ilusión sea formar una familia que la forme, la que quiera ir a la Luna que vaya. El feminismo es «haz lo que quieras» ya sea quedarte en casa o ser astronauta. Que nadie te diga qué tienes que hacer o te ponga límites. Es defender que las mujeres somos tan capaces como cualquiera y que queremos tener las mismas oportunidades que ellos.

El líder del Partido Popular, Pablo Casado, ha declarado que «el feminismo pone a todos los hombres bajo sospecha». ¿Qué te parece?

Escuchar eso me da escalofríos. En ese sentido, Pablo Casado es un profundo ignorante. Cuando declaró: «Es que yo no quiero un discurso que enfrente a mi hija con mi hijo», no daba crédito. No es así, señores, no es así. Estamos todos en el mismo barco, solo pretendemos la igualdad, no es nadie contra nadie. En la manifestación del 8M, había mujeres y hombres de todas las edades, desde bebés hasta abuelos, estamos ante un movimiento transversal. Un partido que aspira a gobernar como es el Partido Popular no puede rechazar el 8M diciendo que estaba politizado: «No, yo no voy ahí». Pero ¿de qué estamos hablando? Demuestran una profunda ignorancia, un gran desconocimiento y ganas de enfrentamiento. La derecha tiende a enfrentar otra vez a los españoles a todos los niveles: izquierda con derecha, hombres con mujeres, jóvenes con mayores...

Pablo Casado también es partidario de la anterior ley del aborto.

¡Claro! Y a lavar al río, otra vez, también.

Hubo quien definió a las mujeres que salimos a las calles el 8M como «perroflautas que olían mal».

Uy, eso o que somos lesbianas resentidas. ¡Por favor! ¿Pero a dónde vamos a llegar? Por eso no soy capaz de callarme en Twitter. Por eso compartí un tuit de la presidenta del Banco Santander, Ana Patricia Botín, declarándose feminista. Que alguien llame «feminazi» o «perroflauta» a la Botín, venga, ¿quién se atreve?

Hace unos años surgió el movimiento #MeToo, que dejó al descubierto las vergüenzas de Hollywood respecto a los abusos de poder de la

industria sobre las mujeres. Hasta ahora, ninguna actriz española ha denunciado públicamente que para conseguir algún papel haya tenido que «pasar por la piedra» o que al menos se lo hayan planteado. ¿Por qué no existe el #MeToo español?

La verdad es que no lo sé, Carlota. Afortunadamente, yo no me he visto en esa tesitura. No sé si por mi actitud o por qué. Pero hay una realidad: hay mujeres que también se han utilizado a sí mismas para conseguir un papel que de otra forma no lo habrían conseguido. Muchas veces te preguntas: «¿Y esta qué hace haciendo esto?», pues oye, ha utilizado sus armas, se ha camelado a quien tocaba y lo ha conseguido.

«Es indudable que el centro, la derecha y la ultraderecha, que antes estaban en un solo partido, pretenden hoy retroceder en la máquina del tiempo y eso a mí me indigna. No sé si soy su azote o no en Twitter, pero lo que no quiero es que me quiten ni media hora de derechos. Me niego. »

¿Eso te consta que ha pasado?

Sí, pero no te puedo dar nombres. Es como en la película *Los caballeros las prefieren rubias*, cuando le dicen a Marilyn Monroe: «Tú vas con mi hijo por su dinero», y ella contesta: «Sí, y él va conmigo por mi belleza». Hay ocasiones en las que dos personas pactan: «Yo tengo esto y tú esto otro, pues hacemos un intercambio». Ojo, también puede haber habido casos en los que no existía el poder de elección. Personalmente, por un personaje yo nunca habría pasado por la piedra, ni lo he hecho ni lo haría, porque me parecería inmoral. No habría conseguido ese papel por ser buena profesional.

Te puedo confirmar que una actriz española estuvo a punto de conceder una entrevista en la que denunciaba abusos por parte de un director pero que finalmente se echó atrás. ¿Crees que hay miedo a cerrarse puertas?

No solo miedo a cerrarse puertas en la profesión, sino también a reconocer que si tienes que llegar a eso igual no eres tan buena actriz. En cualquier caso, la industria de aquí no mueve lo mismo que la de Hollywood, ni hay tantos papeles protagonistas femeninos que te cambien la vida. Sinceramente, no creo que haya sido ni sea una práctica común entre los directores y productores del cine español.

También en Estados Unidos las actrices están en pie de guerra por la diferencia de salarios con sus compañeros. Aquí en España apenas se habla de esa brecha salarial. Hace unos meses, Berto Romero quiso cobrar lo mismo que su compañera Eva Ugarte cuando se enteró de que ganaba bastante menos que él por su trabajo en una serie.

¿Se lo bajó él o se lo subieron a ella?

Se lo bajó él.

¡Pues el productor estaría encantado! Lo que hay que conseguir es igualar por arriba no por abajo. ¿Sabes qué pasa? Nosotros con el dinero somos muy pudorosos, yo nunca sé lo que gana un compañero o una compañera. Estoy segura de que gano más que algunos hombres y menos que otras mujeres, pero aquí no hay diferencias tan exageradas como en una superproducción en la que el protagonista gana quince millones y la protagonista cinco. Pongamos que aquí él gana doscientos cincuenta mil y ella ciento noventa y tres mil, por decir algo. Pero también hay que reconocer que parte de la brecha salarial en el mundo de la interpretación se produce porque generalmente los papeles masculinos tienen más peso y quizá por eso ganen más. Por ejemplo, Javier Gutiérrez y Malena Alterio están juntos en la serie *Vergüenza* y probablemente Javi tenga un sueldo más elevado que el de Malena porque su papel es más pequeño, no es que cobre menos por ser mujer. Esos matices cuentan. El problema real es que habitualmente tengan más importancia los papeles masculinos que los femeninos.

Háblame de eso, de la desigualdad entre los papeles protagonistas femeninos y masculinos.

Que hay menos papeles protagonistas femeninos en el audiovisual es evidente y en el caso de las mujeres maduras es un clamor. Curiosamente, esto no sucede en el teatro, donde siempre hay papeles femeninos importantes.

¿Por qué en el teatro sí?

Es algo que me he preguntado muchas veces y aún no he encontrado la respuesta. Hay papeles femeninos potentes en las tragedias griegas, en el Siglo de Oro español o en obras como *Cinco horas con Mario*. En Shakespeare también las mujeres tienen un peso especial, pero en el audiovisual parece que el protagonismo se nos resiste. Indudablemente, hay papeles femeninos de calidad, pero la mayoría de los protagonistas son hombres. Ellos siguen ganando por golcada. Quizá las historias que se cuentan en los guiones están protagonizadas por hombres porque reflejan una sociedad en la que todo les pasaba a ellos: eran los que trabajaban fuera de casa, los que iban a las guerras, los que cometían asesinatos... Nosotras éramos solo madres, hijas, hermanas o las asesinadas. No sé si esa desigualdad se produce porque el machismo está muy arraigado o porque los guiones solo

reflejan lo que pasa en la vida real. Por suerte, cada vez hay más historias de mujeres. Por fin hay superheroínas como la Capitana Marvel. Son pequeños pasos que se están dando. No hay un mundo más machista y excluyente que el de los superhéroes.

¿Qué papel femenino te habría encantado interpretar?

A mí me gustan las películas de acción, pero yo sé que aquí en España no se puede.

¿Por qué no se puede? ¡Reivindícate!

No es reivindicarse es una cuestión de presupuesto. Aquí no se puede hacer *Tomb Raider* pero me habría encantado. Una película así con dos millones de euros no se hace. Con un croma y una liana no basta.

«El feminismo es igualdad, no es supremacía ni desempeñar roles, no es hacerte pasar por un hombre. Es *Vive la différence !* pero en la igualdad.»

Sería una especie de *Torrente* en femenino.

Nos quedaría *Torrenta*. [Risas.] Me encantaría hacer de heroína, de esas que van abriendo el camino, que no son ni las ayudantes, ni las secundarias, ni las secretarias.

¿Se le exige igual físicamente a un actor que a una actriz?

Para nada. Tú ves el elenco de galanes españoles y te quedas loca. Para ser un buen protagonista puedes ser calvo, bajo, gordo y feúcho, solo tienes que ser buen actor. En cambio, para ser la protagonista tienes que ser buena actriz y guapa, eso está clarísimo. Por ejemplo, los compañeros que están haciendo ahora todo el cine, grandísimos actores como Luis Tosar, Javier Gutiérrez, Antonio de la Torre... a ellos solo se les exige talento. En cambio, las mujeres siempre tienen que ser guapas, fotogénicas y estupendas además de buenas actrices: Emma Suárez, Maribel Verdú, Aitana Sánchez-Gijón...

¿En las series es todavía más sangrante esa desigualdad?

En la mía, afortunadamente, no. Pero es verdad que en ficción televisiva y en cualquier trabajo interpretativo a ellas se les exige mucho más. Más belleza y más talento que a ellos, sin duda. Yo te digo que hay grandes papeles que ojalá se hicieran para físicos de mujer normal, eso lo envidio de los hombres. Yo considero que tengo un físico normal y una belleza corriente y mis compañeros hombres con características similares trabajan más y con mejores papeles. En ese sentido, hay un machismo fotogénico y físico tremebundo.

¿Se podría decir que hay actrices bellísimas que a lo mejor no tienen tanto talento pero que consiguen sus papeles gracias a su físico?

Sí, pero también lo entiendo porque en el audiovisual la belleza es importante. Es como ver un cuadro bonito. Tener un físico agraciado ayuda mucho a conseguir papeles, pero siempre tiene que ir acompañado de algo más. El teatro en ese sentido es más abierto, no tienes primeros planos. En general, hay un machismo físico brutal, se le exige estar mucho mejor a los cuarenta y a los cincuenta a una mujer que a un hombre. Por ejemplo, en el *star system* de Hollywood son bellos y bellas a la par, aquí eso no se da.

Tú haces un recorrido por todas las actrices españolas desde Núria Espert o Julieta Serrano hasta las más jóvenes y las comparas con los hombres y no hay color en cómo se mantienen físicamente y a nivel interpretativo. Me van a matar mis compañeros pero estoy hablando en general.

Es algo que actrices veteranas como Lola Herrera o Concha Velasco han hablado abiertamente, de esa exigencia del físico que han sufrido ellas y ellos no.

Aparte de ser buena actriz, claro. Sus coetáneos eran Alfredo Landa o José Sacristán, y ellas eran unos bellezones fuera de serie.

¿Tú te has sentido discriminada alguna vez por ser mujer?

La verdad es que yo personalmente no soy consciente de haber sido discriminada por ser mujer, más allá del machismo que se sufre en mi trabajo por lo que hablábamos de los papeles femeninos y los roles que desempeñan. También considero que yo he tenido siempre mucho morro y no me han podido achantar. Mi actitud no ha sido la de hacerme la rubia o la víctima. Hay mujeres que también juegan ese rol del sexo débil, pero nunca he caído ahí. No me he mostrado vulnerable, siempre he tirado para adelante. Sin embargo, sí que he visto mucha discriminación entre mis compañeras de producción, de dirección y las que trabajan en la parte técnica. Detrás de las cámaras he visto y he vivido mucha más discriminación de la que yo he sufrido como actriz.

¿Es diferente trabajar a las órdenes de un director que de una directora?

He trabajado con menos directoras que directores porque hay muchas menos, pero por mi experiencia creo que sí que escuchan más y son más empáticas que ellos. Con las mujeres que me han dirigido no hay esa sensación de «tengo la razón absoluta» que en un porcentaje de directores sí que existe. Creo que ellas son más permeables aunque hay hombres que también lo son, por supuesto.

Cada vez hay más mujeres que dirigen, pero parece que les cuesta mucho abrirse paso. He leído que el problema fundamental que se encuentran es el de la financiación. Por lo general, se financia antes el proyecto de un hombre que el de una mujer, otro techo de cristal.

Así es y además parece que se perdonan más los fallos en los hombres que en las mujeres. Dos películas malas, una dirigida por un hombre y otra dirigida por una mujer, pues se ceban más con la película dirigida por una mujer, eso es así.

Este libro quiere poner el foco en las cargas emocionales de las mujeres. ¿Tú tienes hijos?

No. Tengo madre y padre.

¿Has sentido presión social por no ser madre?

Te lo preguntan, claro. Es algo que a mis compañeros no les pasa.

Cada vez más mujeres dicen abiertamente que no quieren ser madres y tengo la impresión de que socialmente hay una mayor comprensión al respecto.

Antes se consideraba algo antinatural. En muchas entrevistas me han preguntado por este tema y siempre he dicho que de momento no había sentido ni la llamada de la maternidad ni me lo había planteado. Siempre contestaba que ni había decidido ni no había decidido, pero al final siempre decides. Aunque no decidas, estás decidiendo. Es una pregunta que ha ido despareciendo con la edad; sin embargo, a mis compañeros no les preguntan ni a los de mi edad ni más jóvenes. Yo sé de amigas con profesiones más normativas que sí han sentido esa presión, tanto la de ser madres como la de casarse.

Dices que cuando no tomas decisiones respecto a la maternidad también decides.

Yo habría adoptado, porque tengo un miedo patológico al parto como quien lo tiene a volar, es una fobia, algo irracional. Pensé adoptar, pero era un proceso tan largo, tan tedioso y tan complicado que al final deseché la idea.

Siempre que se habla de conciliación se habla solo de la mujer, se da por hecho que debemos ser nosotras las cuidadoras de hijos y también de padres.

Siempre se da por hecho que es la mujer la que tiene que conciliar su trabajo dentro y fuera de casa. Y no solo te responsabilizan del cuidado de los hijos. También del de los padres cuando son mayores. Es muy importante superar esta desigualdad educacional y aprender todos que hombres y mujeres somos igual de responsables de nuestros hijos, de nuestros padres y de nuestras parejas. También tenemos que trabajar la culpa, porque el sentimiento de culpa que tenemos es bestial. Siempre son ellas las que piden reducción de jornada, yo lo sé por compañeras de mi serie; los tíos ni uno la pide, son ellas siempre. Eso también es responsabilidad nuestra, tenemos que plantarnos y decir «yo pido reducción de jornada este año y tú el que viene». La culpa de esto está muy repartida, no solo es de la sociedad o del patriarcado, también es culpa nuestra, nos hemos acostumbrado y lo hemos potenciado. Y, cuidado, que ahora también se penaliza que un hombre se dedique a sus hijos, los lleve al colegio, los vaya a buscar... Tenemos el ejemplo con Pablo Iglesias y su baja por paternidad, yo he leído cosas como: «Un silencio embarazoso» hablando de su ausencia en la política, pero ¿qué mierda de titular es ese? Los hombres que están ejerciendo esa igualdad también son machacados por ello.

«Para ser un buen protagonista puedes ser calvo, bajo, gordo y feúcho, solo tienes que ser buen actor. En cambio, para ser la protagonista tienes que ser buena actriz y guapa, eso está clarísimo. »

¿Qué te sugiere la frase: «Las mujeres son las peores enemigas de las mujeres»?

Que eso es mentira. Es un tópico y otra forma de enfrentarnos. Las mujeres no somos nuestras peores enemigas, no es verdad.

¿Has vivido la sororidad?

Absolutamente. En el escenario he disfrutado mucho más con compañeras que con compañeros y he hecho varias obras solo de mujeres. Me lo he pasado genial trabajando con mujeres y siempre nos hemos potenciado las unas a las otras. Me enferma que nos pongan como lo peor.

¿Quién es la mujer a la que más admiras?

Admiro a Clara Campoamor, admiro a Marie Curie, admiro a todas esas mujeres que abrieron espacios donde no los había y tuvieron que luchar en unos tiempos mucho más complicados. Admiro a las sufragistas inglesas que se dejaron la vida por conseguir el voto.

De esto no hace tanto, eh, hablamos de principios del siglo pasado, de mujeres que se dejaban la vida en huelgas de hambre por tener derecho a opinar, es muy fuerte.

¿Y a qué hombre admiras más?

Es algo que no he reflexionado. Creo que a Gandhi y a Martin Luther King por luchar por la igualdad social y la no violencia.

Si pudieses hablar con la Anabel niña, ¿qué le dirías?

Ay, sería maravilloso poder decirme: ¡sigue así, que lo estás haciendo bien, sigue igual, que ya verás como todo va a ir bien!

nuicon
asuman

Alba Palacios

Primera futbolista transgénero federada

«Me parece machista que un sector del fútbol femenino considere que yo juego con ventaja porque soy transgénero. ¿De verdad se piensan que por ser mujeres juegan peor que los hombres? Yo he jugado con chicas que le dan mil vueltas a cualquier chico. Que ellas mismas se infravaloren porque juegan contra una mujer transexual me da pena.»

Alba Palacios

Madrid, 1985

Esta historia arranca dentro de un armario, literalmente. Allí, una niña a la que llamaban Álvaro se puso un buen día el bañador de una amiga y se sintió feliz. En ese instante, le gritó en silencio al mundo que ella no era Álvaro, que su nombre era Alba. Era el comienzo de un largo calvario aliviado por el fútbol, su gran pasión desde la primera patada que le dio a una pelota. Alba decidió encerrarse en sí misma y guardar las apariencias: si jugaba un rato a la comba, luego se pasaba a polis y cacos, donde daba rienda suelta a la chavala traviesa y gamberra que era; le encantaba correr, por la banda y por la vida, le hacía sentirse libre. Alba no conocía a nadie como ella y se encontraba perdida, pero halló refugio en los dibujos animados de *Oliver y Benji* y en la música de Michael Jackson, con los que calmaba sus pensamientos negativos y la culpa que le invadía por vestirse con la ropa de su hermana mayor a escondidas de su familia.

El amanecer de Alba llegó con M. Tenía diecisiete años cuando se enamoraron. Ella le dio la confianza y el cariño necesarios para emprender el vuelo, y la abrazó fuerte mientras se despojaba por siempre de Álvaro. Tras confesarse con su novia, le llegó el turno a sus padres y hermanas. El vértigo era inmenso, había esperado mucho tiempo ese momento, y las reacciones fueron muy diferentes: su padre la animó a ser feliz, su hermana pequeña lo encajó mejor que la mayor. Con todo, el problema fue su madre. La conexión especial que siempre había sentido con «su niño» se hacía añicos, casi un año estuvieron sin volver a hablar.

Sin embargo, Alba estaba imparable. Las visitas a la psicóloga y al psiquiatra le habían dado impulso para seguir rompiendo techos, y, después de la mente, tocaba transitar el cuerpo con la hormonación. Cinco pastillas diarias —dos bloqueadores de testosterona y tres con estrógenos— la dejaban fuera de juego físicamente, pero no había marcha atrás. Necesitaba toda esa química para poder cumplir su sueño más íntimo: ser jugadora de fútbol.

Alba convivió con el machismo más alfa en los vestuarios de los equipos en los que jugó desde niña. Entiende bien el terror de los jugadores homosexuales a salir del armario. Pero ella sí lo hizo al hablar con el entrenador de su último equipo masculino cuando le pidió apoyo y comprensión, ya que su rendimiento iba a descender drásticamente por la medicación. Inició la temporada de titular y acabó en el banquillo. Pero no le importaba, su objetivo estaba cada vez más cerca.

Por fin comenzó a entrenar con su nuevo equipo, Las Rozas CF, donde sus compañeras y su preparador la acogieron de maravilla. Y sin pretender ser pionera, Alba Palacios se convirtió, gracias a la Comunidad de Madrid y a la Federación Madrileña de Fútbol, en la primera jugadora transgénero federada aún sin tener en regla su DNI. Así, Alba, siempre obsesionada con pasar desapercibida, se erigió en referente público de las personas trans. Alba creció sin tener nadie en quien inspirarse; sin embargo, a pesar de su timidez, dio un paso al frente pensando en los que vienen detrás, sobre todo en los niños y las niñas que, como ella, sueñan con meterles muchos goles a los prejuicios, «para que nadie les corte sus alas».

¿Cuándo te diste cuenta de que eras una niña diferente?

Tendría seis o siete años y estaba jugando con los hijos de unos amigos de mis padres, un niño y una niña. Estábamos encerrados en un armario y recuerdo intercambiarme la ropa con la niña, yo le dejé mi bañador y ella me dio el suyo. Cuando me lo puse fue algo muy especial, me dije: «Soy yo». Había descubierto que con ropa de niña me sentía a gusto y, entonces, ¿por qué no podía ser yo una chica? Ahí tuve claro que algo no iba bien al tiempo que me imaginaba lo feliz que sería si me tratasen como una chica. Hay gente que no lo entiende, es difícil de explicar. Imagínate que en vez de dirigirme a ti como Carlota te llamo Pedro y estoy llamándote constantemente Pedro y tú te plantas y me dices: «Ya vale, soy Carlota y soy una mujer». Es esa sensación. A mí me llamaban Álvaro y me daban ganas de gritar: «¡Que soy Alba!», pero chillaba solo por dentro. Esa agonía duró en mi caso veintitantos años.

¿Nunca compartiste con nadie lo que habías sentido dentro de ese armario?

No se lo dije a nadie. Mi familia siempre estaba ahí pero posiblemente por culpa mía no supe apoyarme en ellos y me encerré en mí misma.

¿Por qué dices «por culpa mía»?

Porque creo que debería haber hablado más con ellos pero opté por el silencio. Sentía que no encajaba en aquel mundo donde lo que importaba era caer bien, ser popular, estar con la chica más guapa del colegio... ¿Cómo contar en ese ambiente que me gustaba vestirme con la ropa de mi hermana? En aquel momento no me atreví a decírselo ni a mis padres ni a nadie. Aprovechaba cuando estaba sola en casa para poder ser yo y hasta los diecisiete años que conocí a M., mi actual pareja, fui incapaz de abrirme. A los diez años de relación me fui descubriendo, ya podía ser Alba en la intimidad, con ella comencé a verbalizar quién era yo, gracias a M., me he permitido ser yo. Al principio pensaba que con poder ser Alba en la intimidad sería suficiente pero no lo era. «Te falta algo, te ríes pero no te brillan los ojos y cuando conmigo eres Alba sí te veo ese brillo», me decía. Durante un tiempo, la engañé, le negaba que quisiese cambiarme de género: «Es solo un juego, solo quiero cambiarme de ropa». En el fondo, yo sabía que si le contaba todo lo que me estaba pasando del tirón, la perdía, porque es muy fuerte asimilar todo eso. Pero al final tuve que contarle la verdad.

¿Y cómo reaccionó ella?

Yo le dije: «Prefiero seguir siendo Álvaro y no perderte, a ser Alba y perderte». En ese momento pasamos por una crisis de pareja, teníamos muchas dudas: «¿Qué hacemos? ¿Qué decisión tomamos? ¿Seguimos o lo dejamos?». Fue difícil pero llegamos a la conclusión de que nos amábamos demasiado como para estar separadas. M. tuvo la última palabra: «Me da igual Álvaro o Alba, me gusta cómo eres como persona». Ella es heterosexual, no se siente atraída por las chicas pero yo sí le atraigo. Ella me dio alas para comenzar mi camino. En abril de 2016 empecé a ir al psicólogo y en marzo de 2017 inicié el tratamiento hormonal.

> «¡Que soy Alba!», pero chillaba solo por dentro. Esa agonía duró en mi caso veintitantos años.

¿Cuáles fueron tus primeros pasos para ser Alba a ojos de todo el mundo?

Fue un poco caos. Yo quería ir a la Unidad de Identidad de Género y no sabía cómo. Entonces, acudí a mi médico de cabecera. Afronté esa conversación con un vértigo terrible, pues antes solo había hablado del tema con mi pareja. Se lo conté muerta de nervios y me dijo que

no sabía a dónde derivarme y terminó mandándome a un psicólogo. Al final fui por mi cuenta al hospital Ramón y Cajal y pedí una cita en esa unidad, donde me contaron que era muy común que los médicos no supieran cómo reaccionar.

Que conste en acta que todos los médicos de familia deberían tener un protocolo de actuación en casos como el tuyo.

Es que en ese momento te dan ganas de abandonar, de dejar de sufrir por buscar ayuda y te planteas seguir con tu vida, tu rutina y encerrarte de nuevo.

¿Cómo fue esa primera consulta en la Unidad de Identidad de Género?

Les expliqué mi caso y de pronto me preguntaron: «¿Cómo quieres que te llamemos?». Era la primera vez que me hacía esa pregunta alguien que no era M. y empecé a llorar sin consuelo. Tuvieron que llamar a una psiquiatra, recuerdo que lloré como tres cuartos de hora seguidos, necesitaba liberarme de esa carga. En la unidad me trataban como Alba y me sentía bien, aunque en el espejo aún no la veía, todavía seguía viendo a Álvaro. Tras pasar por la consulta de psicólogos y psiquiatras ya podía empezar con el tratamiento hormonal. Me explicaron que tenía consecuencias, que no era todo tan bonito, que era una medicación que te acortaba la vida.

¿Cómo que te acorta la vida?

Es un tratamiento muy fuerte, tomas muchas pastillas diarias que dañan tu hígado, que perjudican todo tu organismo porque lo estás reacondicionando. Esto te puede acortar la vida como el tabaco, por ejemplo. Pero no me importa, para mí los años que viva siendo Alba serán los más felices de mi vida. Sé que hay gente transgénero que no se hormona y cada cual es libre de hacer lo que quiera, pero para mí sí era fundamental no tener testosterona. No solo para verme los cambios físicos que conlleva, sino porque era muy importante jugar sin ventaja en el fútbol femenino, que era mi gran sueño.

¿Cuándo y cómo se lo dijiste a tus padres?

En septiembre de 2016, cuando ya había empezado a ir al psicólogo. Tenía entonces treinta años. Volvían relajados de las vacaciones y pensé que ese era el momento. Reuní a toda la familia y les comuniqué que a partir de ese día iba a ser Alba Palacios.
Mi padre reaccionó bien: «Mientras seas feliz, haz lo que quieras». El problema fue mi madre. Ella siempre me decía que era su niño, su único niño y eso a mí me estaba matando. Cada vez que mi madre me decía con todo su amor: «Cómo quiero a mi niño», sentía esas palabras como si me estuviera clavando un puñal. Cuando le dije que Álvaro ya no estaba, que ahora era Alba, no se lo podía creer, estuve mucho tiempo sin poder hablar con ella. ¿Sabes qué pasa? Que cuando haces esta transición los padres viven un momento de

duelo porque pierden a su niño. Aunque ganan a una niña, sufren una pérdida. Es un proceso psicológico y necesitan su tiempo, no puedes presionarles. Avanzado ese duelo, mi madre vio que, aunque físicamente yo había cambiado, seguía siendo igual de trasto, le hacía las mismas bromas y se seguía riendo conmigo como siempre. Ahora me ve más feliz y se emociona. Y hasta me dice: «Alba, tienes que ser más femenina». Le gustaría verme más coqueta, más arreglada, el cliché clásico de la femineidad. Yo le contesto: «Puedo ser deportista, futbolista y muy femenina».

¿Recuerdas la primera vez que jugaste al fútbol?

Yo medía como medio metro y la pelota me llegaba por las rodillas. Vivíamos en una urbanización y había niños jugando en los soportales y dije: «Me meto». Los niños me sacaban tres cabezas pero recuerdo ir tras el balón corriendo entre sus piernas y pasármelo genial.

Ingresas en la cantera del Pozuelo con diez años y debutas en Tercera División como lateral derecho. En pleno éxito futbolístico, dejas varios años de jugar por un problema personal. ¿Qué sucedió?

Jugué en el Pozuelo durante un montón de tiempo, hice buenas amistades y hasta debuté en dos partidos en Tercera. El problema surgió cuando intenté ascender a un nivel más profesional. Cuanto más arriba, mayor es la exigencia física. Empecé a entrenar a tope en el gimnasio y comencé a ensanchar. Me veía en el espejo y lo pasaba fatal. Fue una época horrorosa. Además, entrenaba al lado de las chicas del Pozuelo y yo lo que quería era estar con ellas y no con el equipo masculino. Sentía que cada vez me alejaba más de mi objetivo de gritarle al mundo que era Alba. Entonces, con veintiún años decidí dejar el fútbol, me encontraba tan mal que resolví abandonar y darme un tiempo. A los treinta volví a meterme en un equipo en el que jugaba mi cuñado. ¡Echaba tanto de menos el fútbol! Para mí, correr siempre ha sido increíble, hace que me sienta libre. En ese equipo, empecé a ir al psicólogo y a hormonarme y un día di el paso de contarle a mi entrenador que había comenzado mi cambio.

¿Cómo se lo tomó?

Me lancé a hablarlo con él porque me pareció una persona muy abierta y sensata. Se le desencajó un poco la cara, pero enseguida reaccionó y me dijo: «No hay problema, estaré pendiente del proceso y vamos viendo». Es un gran tipo, a día de hoy seguimos en contacto. Con quienes patiné fue con los dos compañeros con los que me abrí al final de temporada. Uno hasta se mareó. Después de hablar con ellos, no volví a contarles nada más, se alejaron y al poco tiempo empecé en el fútbol femenino.

¿Te sentiste rechazada por esos compañeros de equipo?

Sí, cuando se lo conté me quedé vacía. Por primera vez sentí el rechazo por ser transgénero. A partir de ahí fui con muchísima cautela. Mi psicóloga siempre me dice que mi transición ha sido de libro, que he ido muy poco a poco con todo: con maquillarme, pintarme las uñas, los peinados. Cuando empiezas con el tratamiento hormonal, el último lugar donde compartes tu proceso es en el trabajo. Tienes que decirlo porque va a haber cambios evidentes. Yo soy ingeniera informática y trabajo en una de las Cuatro Torres de Madrid. Cuando lo conté me aceptaron muy bien. Al día siguiente había mucha expectación acerca de cómo iría vestida, si me pondría falda o vestido, pero fui igual que siempre, con unos pitillos y una camisa, una mezcla ambigua.

¿Cómo llegas por fin a jugar en un equipo de fútbol femenino?

En verano de 2017, reuní el valor suficiente para presentarme ante el entrenador de Las Rozas y decirle que quería jugar con ellas. Había averiguado que aquel era el equipo femenino que tenía más cerca de casa y en la división más modesta. Quería empezar de cero como jugadora. Dar el paso de hablar con el míster me generó mucho vértigo, pero ya no podía perder más años de mi vida. Cuando le conté mi situación le pedí que lo consultara con las chicas, no quería generar ningún problema en el vestuario. Yo no estoy operada y aunque me han asegurado que no habría ningún problema, no me ducho con ellas. Ese mismo día, el entrenador me escribió y me dijo que había charlado con el equipo y que no había ningún problema: «Mañana te quiero entrenando ya». Empecé a dar saltos de alegría con mi pareja, ¡lo había conseguido! Esa noche no dormí de la emoción. Fue increíble cómo me acogieron. Recuerdo que llegué un poco tarde y ellas estaban en el campo en círculo y el entrenador me anunció: «Tenemos una nueva compañera, se llama Alba Palacios y va a entrenar con nosotras». No hizo falta decir nada más.

Le dio la normalidad que necesitaba la situación con el apoyo de tus compañeras.

Esa normalidad es fundamental para que podamos convivir sin etiquetas. Te aseguro que no todo el mundo sabe darla. Mi entrenador y mis compañeras me lo pusieron todo muy fácil. Resolvimos todas las dudas que tenían y todo fluyó.

Empezaste a entrenar y llegó tu debut como jugadora de Las Rozas CF. ¿Cómo te recibieron los equipos rivales?

Para mí, entrenar ya era un sueño, no aspiraba a más. Pero un buen día el entrenador me convocó para jugar un partido y me puse muy nerviosa. Esa noche tampoco pegué ojo. Me daba igual cómo me saliese el partido, solo quería saltar al campo y que me vieran como una más, tanto el público como las rivales. Y lo logré. Al final del partido fui a saludar al otro equipo y varias jugadoras me dijeron que era muy buena y que debería estar en otra liga. Me vieron como una igual, vieron a Alba Palacios. Ahora, al saber que soy transgénero, me meten más caña porque dicen que juego con ventaja. Curiosamente, antes solo veían a Alba y me alababan por mis capacidades futbolísticas. Hoy me valoran porque antes era un chico, algo que me parece muy machista por parte de mis compañeras. ¿De verdad se piensan que por ser mujeres juegan peor que los hombres? Yo he jugado con mujeres que le dan mil vueltas a cualquier chico. Que ellas mismas se infravaloren porque juegan contra una mujer transexual me da pena. Se tiran piedras contra su propio tejado. El fútbol siempre ha sido mi pasión y si se me da bien o mal no es por ser una mujer transgénero. Por nacer chico no eres mejor futbolista, pianista o bailarín, eso te lo dan tus aptitudes y cómo te las trabajas.

¿Cómo desmontarías esa teoría de que las mujeres transgénero que os hormonáis jugáis al fútbol con ventaja porque antes eráis chicos?

Al que cuestiona a las futbolistas transgénero le digo: tómate las hormonas durante dos años, ponte a jugar al fútbol y luego me lo cuentas. Desde el primer mes empiezas a notar unos cambios bruscos, mucho cansancio, sudores, escalofríos y luego calor. Es un tratamiento con efectos similares a la menopausia. Lo primero que descubrí es que además de tener menos fuerza me salían más moratones a causa de los estrógenos. La medicación me ha provocado muchas

lesiones porque cuando hago una arrancada para una carrera me dan tirones, tengo problemas en los isquios, cuádriceps, gemelos... Antes corría la banda sin problema, ahora me canso mucho y se me sobrecargan los músculos.

¿En qué más te ha pasado factura tener igual o menos testosterona que cualquier mujer?

Hay días que me levanto sin ganas de hacer nada, estoy KO, es por el bloqueador de la testosterona que te seda. Es alucinante pero gracias a la medicación tengo menos nivel de esa hormona que cualquier mujer. Se pierde musculatura y se gana grasa, a una mujer le cuesta más ganar músculo que a un hombre precisamente por los estrógenos que yo tomo a diario. Mis compañeras aguantan mejor un partido entero que yo. Cuanto más tiempo sigo en tratamiento, menos resistencia y fuerza tengo. Cada vez estoy peor, quiero que la gente sepa que hormonarse no es una broma, es muy duro. Tengo que cuidarme muchísimo para poder rendir. Yo estoy contenta porque sé que no hago trampas. Sin testosterona me cuesta muchísimo más recuperarme.

Tú sí sabes lo diferente que es jugar con y sin testosterona. Por eso te parecerá aún más injusto que te digan que eres ventajista.

La ley de la Comunidad de Madrid permite jugar en un equipo femenino a las mujeres transgénero incluso sin recibir tratamiento hormonal. Para mí, jugar con testosterona sí es una situación de ventaja, no me parece justo. Por ejemplo, la sudafricana Caster Semenya, una corredora intersexual de 800 metros, tiene el triple de testosterona que sus compañeras porque la produce de manera natural. Considero que esta atleta disfruta de una ventaja natural pero injusta respecto a sus rivales en la pista. En mi caso, yo nunca habría jugado al fútbol femenino sin hormonarme. Quiero competir en igualdad de condiciones: si cojo el balón y meto treinta goles me aburro. El otro día me enfrenté a unas niñas de quince años del Atlético de Madrid y salí hecha polvo, tenían una fuerza y una potencia brutales. Me encanta que unas chavalas me den una paliza en el campo porque así me reafirmo en mi idea de que no juego con ventaja.

¿Qué tal te acogió la afición de la liga femenina desde las gradas?

En el campo he escuchado de todo. Se critica al más débil y donde más duele. Me gritan: «¡Chico!», «¡Mira el chico este, vete a jugar con tíos!». O intentan atacarme diciéndome que tengo pito. El fútbol siempre atrae a lo más retrógrado a los campos y es lo que hay, es un deporte que es así. Lo que tengo que hacer es seguir jugando como una más y estar orgullosa. Siempre les he dicho a mis compañeras que no intervengan, que digan lo que quieran, yo tengo que hacer como los profesionales de Primera División, que en cualquier estadio reciben todo tipo de comentarios desagradables. Pero no solo me cuestiona la grada. Como te decía antes, también los equipos rivales, que me reprochan que es un canteo que juegue en su liga. En lugar de juzgarme por mis dotes futbolísticas, lo hacen por mi etiqueta de transgénero. Es algo que me molesta muchísimo. Si soy buena, reconócelo sin más, y, si no lo soy, también. Te aceptan, pero no destaques, no metas goles.

Sí, he escuchado esta frase tuya: «Las chicas trans son bienvenidas siempre que no ganen».

Exacto, te reciben con los brazos abiertos y te dejan jugar, pero no ganes títulos ni medallas, porque entonces te criticarán por ser trans. El fútbol es un deporte de equipo que no solo es físico, sino que requiere técnica y destreza. Johanna Harper, una exatleta transgénero que es hoy doctora consejera del Comité Olímpico Internacional, defiende que las chicas transexuales en deportes de equipo no disfrutamos de ningún tipo de ventaja porque estos deportes dependen de más factores. Da igual que un chico se venga al equipo de Las Rozas y juegue todos los partidos, ningún futbolista puede ganarlos todos. Son comentarios que voy a tener que escuchar durante todo el tiempo que esté en el fútbol femenino, que espero que sea un montón porque tengo muchas ganas de jugar. Tengo treinta y tres años, pero mentalmente ahora mismo, como Alba, me siento como si tuviera dieciocho.

Tengo que cuidarme muchísimo para poder rendir. Yo estoy contenta porque sé que no hago trampas. Sin testosterona me cuesta muchísimo más recuperarme.

Acabas de decir que el fútbol atrae a público retrógrado. ¿Cuándo jugabas con los chicos también viviste machismo?

Mucho, en los vestuarios se vive una sensación de «unga, unga», de competencia por ser el más fuerte, el más potente, el auténtico macho alfa. Recuerdo cuando empezaban los chicos a depilarse por temas de fisioterapia o tratamientos que en los vestuarios se escuchaba: «Qué mariquita». No podías tener ningún amaneramiento ni salirte de la norma. Y como digas que eres gay, te crucifican. Entiendo que ninguno quiera salir del armario. Cuando te patrocina, por ejemplo, una compañía de Arabia Saudí, imagina qué pasaría si su mejor jugador dice que es gay, siendo como es un país en el que ser homosexual está penado por ley. No pueden salir del armario.

¿Qué más diferencias has encontrado en el fútbol femenino respecto al masculino?

Cuando jugaba en un equipo masculino recuerdo perfectamente cómo comentaban las chicas que entrenaban al lado que las jugadoras en Primera se pagaban sus propios viajes. Me sonó a chiste. Cuando lo vives con perspectiva masculina, te da igual porque no te afecta, pero ahora me toca y soy consciente de lo injusto que es. En España, salvo mis compañeras del Barça, las del Atlético y poco más, ninguna jugadora vive del fútbol. Las del Rayo Vallecano, por ejemplo, entrenan por la tarde porque compaginan el trabajo del que viven con el deporte.

Ahora, el fútbol femenino en España está en pleno auge. ¿Crees que se trata solo de una moda pasajera?

No, estoy segura de que va a seguir subiendo. Pero la brecha con el fútbol masculino es estratosférica. Me gustaría que los chicos se implicasen más para impulsarnos. No es suficiente con tender la mano. Todos tenemos que arrimar el hombro para acabar con la brecha de género en el fútbol. También les pediría a los medios de comunicación que nos apoyasen más, a todo el deporte femenino.

Hemos hablado de tu evolución futbolística, pero ¿qué ha sucedido con tu aspecto físico?

Me importa muchísimo la imagen que proyecto, para mí es fundamental pasar desapercibida, no me gusta destacar, no me gusta que me miren. Al principio de la hormonación, me daba mucho miedo salir a la calle y que me señalasen: «Mira esa transgénero». Lo que sí ha cambiado es mi actitud en público con mi pareja. Recuerdo una vez en un supermercado que una niña le dijo a su madre: «¡Mira, dos chicas besándose!», y todo el mundo se quedó mirándonos, pasé una vergüenza horrorosa. Yo, que intentaba no ser observada por ser transgénero, estaba siendo señalada por lesbiana. Antes era más cariñosa en público. Aún me da miedo sentir que me miran y me juzgan.

¿En qué momento sentiste que salías a la calle y ya eras Alba para todo el mundo?

Te preguntas constantemente cuándo la gente te va a ver como Alba Palacios. Y ese momento llegó en un restaurante con una amiga. Yo llevaba un moño, una camisa de chico, un pantalón e iba sin maquillar. De repente, llegó la camarera y dijo: «Bueno, chicas, ¿qué os pongo?». Me quedé mirando a mi amiga y le pregunté que si había dicho lo que yo había oído y me dijo que sí. ¡No me lo podía creer! Al rato, otro camarero nos habló también en femenino. Entonces, le dije muy emocionada a mi amiga que ese día no se me iba a olvidar en toda mi vida. Ahí fui consciente de que ya se había producido un cambio, que la gente comenzaba a tratarme en femenino, que algo era diferente. Y poco a poco fui soltándome hasta que un día me invitaron a los Premios Marca y decidí ponerme por primera vez un vestido para salir a la calle.

¿Cómo te sentiste?

Muy bien, deseaba ponerme un vestido desde hacía mucho tiempo, pero necesitaba sentirme segura. Era un evento muy especial y habría mucha gente. Además, tendríamos que posar en la típica alfombra roja. «Estás espectacular», me dijo M. Ahí supe que no estaba haciendo el ridículo, que para mí es una obsesión. Ese día me reafirmé como Alba Palacios: en el momento en el que salí a la calle y todo el mundo me vio con un vestido y unos tacones sentí que lo había conseguido. A partir de entonces, me he sentido mucho más segura de mí misma. La transición es un camino complejo. Antes de esa alfombra roja pasas por muchas complicaciones, dificultades tan cotidianas como no saber en qué baño entrar. Para evitarme problemas intentaba hacer mis necesidades en casa antes de salir a la calle. Era muy duro, iba al baño de las chicas y a lo mejor alguna decía: «¿Qué hace un chico aquí?». Hay un punto intermedio en el proceso que no sabes qué hacer, a veces intentaba parecer lo más masculino posible para poder ir al baño de hombres o ir lo más femenina posible para poder usar el de mujeres. Era angustioso.

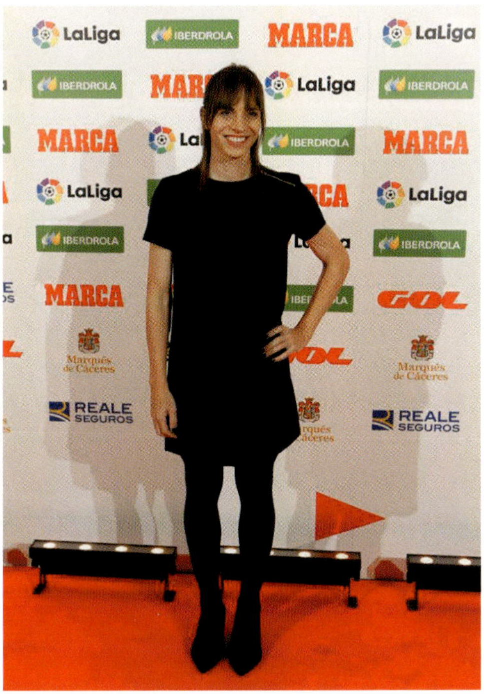

Imagina que este libro cae en manos de niños y niñas a los que les pasa lo que a ti: ¿qué les dirías?, ¿qué te habría gustado escuchar cuando te pusiste ese bañador de niña y te preguntaste qué te pasaba?

¿Sabes qué me habría gustado? Salir con el bañador puesto y que mi madre me hubiera visto. Les diría que sean ellos mismos, que no se encierren, que encerrarse no vale para nada, no merece la pena vivir tan mal tanto tiempo. Si tú eres Alba o Pedro, sé tú, que nadie te diga cómo vivir o cómo sentir tu género o con quién debes acostarte. Les diría: cumple tus sueños, disfruta de la vida y no te pongas límites.

> «Si tú eres Alba o Pedro, sé tú, que nadie te diga cómo vivir o cómo sentir tu género o con quién debes acostarte. Les diría: cumple tus sueños, disfruta de la vida y no te pongas límites.»

¿Qué le pedirías a un padre o una madre que piense que puede tener un hijo o una hija como tú?

Que tuviesen empatía. Para la gente transgénero, la empatía es fundamental. Que dejen fluir a sus hijos, que les dejen ser ellos mismos, que les ayuden y les hagan ver que no es nada malo lo que les pasa. Que si tienen dudas, que vayan a terapia, que los psicólogos les van a orientar. Si les cortan las alas a sus hijos, les van a hacer infelices de por vida. Les pediría que no tengan miedo, que sus hijos no son enfermos. Que dejen disfrutar a esa Alba o a ese Mario, que busquen ayuda si les sobrepasa la situación y que no saben la suerte que es tener a alguien tan especial en su vida. Es una gran suerte.

Imagínate que pudieses hablar ahora con Alba de pequeña. ¿Qué le dirías?

Voy a llorar. Le diría que no tuviese miedo. (Llora) La cogería de la mano y saldría con ella de ese armario con ese bañador de niña puesto. Le pediría que luchara y que fuera valiente, que si sus padres ahora no la entienden que busque a gente que sí lo haga, que pronto la van a entender. La llevaría siempre de la mano y nunca la soltaría.

Laura G. Molero

Consejera independiente de Acerinox, Bankia, Ezentis y Viscofan

«El número de mujeres en los consejos de administración va a aumentar y la ley contribuye, pero sobre todo lo que ayuda es ver que, incluyéndolas, los resultados de las compañías mejoran porque el 50 por ciento del mercado es femenino y la diversidad es rentable.»

Laura G. Molero

Ourense, 1965

Laura González-Molero es la española que se sienta en el mayor número de consejos de administración de empresas del Ibex, cuatro en total, incluyendo a tres que cotizan en el Ibex 35. Además, acaba de ser nombrada presidenta de APD, Asociación para el Progreso de la Dirección. Es la primera mujer que accede al cargo en sesenta y tres años de historia de esta institución. Su currículo impresiona casi tanto como su presencia. Laura es de esas personas que te atrapan con su energía y autoconfianza. Desprende una seguridad en sí misma apabullante. Bien que la habrá necesitado para recorrer con paso firme el camino que emprendió como directiva de una multinacional con tan solo veintinueve años. Sin duda, una pionera que honra orgullosa a sus fuertes referentes femeninos: su madre y su abuela materna. Laura es la segunda de tres hermanos, la única niña. Nació y vivió en Ourense, pero a los siete años emigró con su familia a Argentina, donde cumplió los diez. Luego vuelta a España: Salamanca y Madrid, pero pasando siempre por Galicia con sus veranos felices en Porto do Son. La familia de Laura era tradicional, su padre trabajaba fuera de casa y su madre estaba al frente del hogar. «Mi madre es la típica mujer gallega que ha puesto disciplina y orden en la casa. Todos teníamos que hacer de todo.» Laura heredó de su abuela materna el nombre y el fuerte carácter. La abuela Laura enviudó embarazada de su segunda hija, la madre de Laura. Tenía treinta y dos años y sacó adelante a su familia sola. Corría el año 1927. «Era una mujer a la que no le tosía nadie, tuvo que luchar tanto en su vida que se hizo fuerte a base de golpes.»

Sin perder nunca de vista sus ejemplos más cercanos, Laura se labró su exitoso porvenir sin una vocación clara. Es licenciada en farmacia aunque su título resultó solo un punto de partida hacia su carrerón profesional. Su primer gran puesto fue como directora comercial para España y Portugal del grupo Roche, cuando aún eran mucho más escasas que hoy las mujeres con voz y mando empresarial. Más tarde llegaría la dirección general de Laboratorios Guerbert, así como las distintas responsabilidades en la farmacéutica Schering Plough y la biotecnológica Serono. Los siguiente cargos fueron sin duda los más potentes: la presidencia de Merck Latinoamérica, primero, y la presidencia de Bayer HealthCare Latinoamérica, después.

Este historial impresionante se ha escrito con mucho esfuerzo, mucha actitud y bajo el lema de «salir siempre a ganar». Laura asegura que cada proyecto lo ha afrontado «con mucho liderazgo, carisma y nada de miedo. Tener autoconfianza hace que te presentes a un proceso de selección con tal fuerza que desbanques al resto». Pero ella conoce también el lado oscuro del éxito en la cumbre, el precio que se paga por estar en lo más alto de los centros de poder: horas y horas de vuelos intercontinentales, de cambios de país de residencia y, sobre todo, de renuncias personales. En diciembre de 2016, en el cénit de su carrera como presidenta de Bayer Healthcare Latinoamérica, se bajó de ese tren sin tener totalmente diseñado un plan B. Ya no le compensaba vivir en un avión y quería estar cerca de su madre en España. Una vez más, fue valiente, arriesgó y ganó. Encaminó sus pasos hacia el gobierno corporativo y consiguió cuatro sillas independientes en sendos consejos de administración. Desde allí está dispuesta a pelearse para demostrar que la meritocracia es «la herramienta más transparente y necesaria para el acceso masivo de las mujeres a las cotas de poder». Laura ya ha llegado a la cima y tiende su mano a las siguientes montañeras.

¿Tú qué querías ser de mayor?

Me gustaba el mundo de los negocios y quería ganar dinero. También quería viajar, tener un coche. Pero no tenía una vocación clara y, como era muy influenciable y curiosa, tuve un profesor de biología que me enamoró de lo que contaba y me decidí a estudiar algo relacionado con la naturaleza. Finalmente, opté por la carrera de farmacia con orientación industrial y, en cuanto me licencié, empecé a buscar trabajo. Acudí a una entrevista para técnico de control de calidad del grupo Roche que acabó así: «Mira, Laura, tú no tienes perfil para este puesto, pero te vas a quedar en la compañía porque nos puedes dar mucho». Y mi respuesta fue: «Yo lo que quiero es trabajar, me da igual el puesto». Mi primer trabajo fue de comercial de calle, tenía que vender instrumentación de laboratorio y servicios químicos en un área geográfica concreta. Así empecé.

¿Y en esa empresa hasta qué puesto llegaste?

Directora comercial para España y Portugal. Fue como mi segunda universidad, porque ahí aprendí a trabajar en un entorno corporativo, en una empresa en la que se cuidaba mucho la formación y el desarrollo de los empleados. Cada vez que pedían voluntarios para algo, me apuntaba. Antes de ser directora comercial también pasé por el departamento de marketing.

De comercial de calle a directora comercial para España y Portugal. ¿Cuál fue el siguiente salto profesional?

A los siete años me llamaron de un grupo francés que se dedicaba al diagnóstico por imagen. Querían establecerse en España y me dijeron: «No tenemos ningún empleado, tú serás la primera, serás la directora general y tendrás que montar todo de cero». Cuando me fui a despedir de mi jefe, un suizo maravilloso, no entendía mi decisión: «Pero si la hemos ascendido tres veces, explíqueme adónde se va». Le conté que irme era un reto profesional y, además, le dije algo definitivo: «Yo quiero su puesto, quiero ser directora general y es lo

que me ofrecen». Entonces, sentenció: «Sí, se tiene que ir, pero si tiene problemas en esa compañía y no es feliz, esta es su casa». Me convertí en una emprendedora porque tuve que arrancar la compañía desde los cimientos. Aprendí muchísimo en aquella etapa. Trabajando mil horas al día pero feliz. Eso sí, a principios de los noventa chocaba ver a una mujer en mi cargo. Te voy a contar una anécdota muy graciosa. Tuvimos una comida del sector y yo era la única directiva convocada. Recuerdo que era un reservado en un restaurante. Llegué y, al abrir la puerta, había cuatro señores que podían ser o mis padres o mis abuelos. Entré y di los buenos días. «Disculpe, esto es una reunión privada, estamos esperando a una señora», y les espeté: «¿Y qué se creen que soy yo?». Se disculparon y me preguntaron si era Laura: «¡Pero eres tan joven!», a lo que contesté: «Lo lamento, con los años lo voy a mejorar». Esa situación era un poco el reflejo de la época. Desde muy joven he tenido la suerte de estar en un entorno muy masculino pero de referentes que me ayudaron a crecer porque fueron muy generosos conmigo. Muchas veces me he preguntado si me han discriminado y la verdad es que, si lo han hecho, no me he enterado, que a lo mejor sí, pero nunca lo he sentido de esa manera. Sí que he sido consciente de que he tenido que pelearme mucho las cosas, he tenido que trabajar muy duro, pero, cuando tú tienes buenos resultados, eres imbatible.

¿Se puede crecer profesionalmente solo con buenos resultados?

También hace falta inteligencia emocional. Es muy importante ni ir pisando callos ni ir creando problemas. Las claves del éxito son: trabajar, prepararte, no hacer daño gratuitamente e intentar ser

generoso con tu gente, tus compañeros, tu entorno, tus clientes. Porque, si no, cuando algo vaya mal, te estarán esperando. Como he empezado de vendedora en la calle, sé lo que es estar en todos los niveles de la compañía hasta llegar al consejo de administración.
Sé lo que es estar ahí, lo solo que te sientes, lo agobiado que estás para llegar a fin de mes y cobrar tus comisiones. Quizá por eso respeto el trabajo de todo el mundo. Si tu gente ve que tú arrimas el hombro y que eres uno más, el día que hay un problema o que hay que hacer un esfuerzo extra, casi no lo tienes ni que pedir. Creo que ahora hay muchos líderes que son puro postureo y la gente lo nota.
Si eres generoso, el mundo es generoso contigo. Si eres egoísta, cicatero, un trepa, a lo mejor tienes suerte pero es más rentable ser generoso. A mí me ha dado grandes éxitos y por supuesto que habrá personas a las que no les guste por mis decisiones, pero creo que, a lo largo de mis veintisiete años de carrera ejecutiva, no me he creado enemigos porque siempre he tratado a todo el mundo con respeto, incluidos mis competidores.

Muy pocas niñas y jóvenes dicen hoy que de mayores quieren ser directivas o consejera delegada de una empresa. ¿Esto sucede por la falta de referentes femeninos como tú?

Pertenezco a Ellevate Networks, un grupo que se dedica a asesorar a mujeres jóvenes que están acabando su formación académica para ayudarlas a definir su carrera profesional: cómo negociar su salario, cómo posicionarse laboralmente, cómo mejorar su marca personal, cómo mejorar en autoestima... Mi objetivo es intentar que las chicas vean que sí hay referentes en la alta dirección. Muchas veces pongo mi carrera como ejemplo porque yo estudié farmacia, pero soy la persona que menos sabe del mundo de ese campo. Siempre me he dedicado al mundo de los negocios y la gestión y, más tarde, al gobierno corporativo. No soy competitiva por mis estudios iniciales, sino por cómo he ido enriqueciendo mi formación y el desarrollo de mi carrera profesional. Soy el resultado de todas mis elecciones y decisiones. Ahora estoy en cuatro consejos de administración de cuatro compañías cotizadas del Ibex, tres de ellas, del Ibex 35. En la publicación de la Escuela de Negocios IESE aparezco como la mujer que participa en el mayor número de consejos de administración del Ibex 35. Estoy en sectores tan dispares como el financiero, el metalúrgico, el industrial de envolturas y el de gestión de infraestructuras de telecomunicaciones. Nada que ver con los sectores en los que me he desarrollado. Por eso, a todo el mundo le digo: «Lo que podemos hacer en nuestra vida es decisión nuestra».

Eres la única mujer consejera en tres empresas del Ibex 35, una *rara avis* en un país en el que solo un 25 por ciento de las mujeres ocupa puestos de liderazgo y un bajísimo 18 por ciento se sienta en los consejos de administración. ¿Por qué hay tan pocas altas directivas en España?

No te creas que el mundo anglosajón está mucho más avanzado que nosotros, aunque sí es cierto que hay países donde esos porcentajes suben porque se han forzado políticas de cuotas desde hace años. Creo que es solo cuestión de tiempo que esto cambie, porque la incorporación de la mujer a la cima de las empresas es un proceso imparable. ¿Por qué? Pues porque desde hace muchísimos años el número de mujeres que accede a carreras universitarias y posgrados es mayor que el de hombres. Pero no es solo la cantidad, también la calidad. En los procesos de selección, los mejores currículos los aportan en su mayoría las mujeres, que, además, llegan a las empresas con una capacidad de determinación y sacrificio importante. El entorno económico, social y de gobierno corporativo de las compañías ha sido muy tradicional, muy estanco y cerrado. Y los ciclos económicos han sido muy largos, lo que ha fomentado que un presidente de una empresa estuviera en su puesto veinte o treinta años. Eso ya es imposible. El mundo ha cambiado, y ahora todos los ciclos son más cortos. Además, la toma de decisiones para ascensos, nuevos puestos o nuevas promociones es mucho más transparente. El mundo laboral también ha variado, ahora nadie piensa que entra en una compañía y va a desarrollar ahí toda su vida laboral. Ahora debemos plantearnos la vida profesional como una concatenación de proyectos en los que debes ser competitivo y en los que das y recibes valor. Yo, cuando empecé, quería trabajar y ganar dinero. Ahora la gente joven desea equilibrio entre vida laboral y ocio: quiere tener un mes libre para viajar, hacer surf o contribuir a un mundo más sostenible. Ahora no es solo el dinero que se cobra, también se trata del salario emocional.

Has nombrado las cuotas: ¿crees que son la solución?

No, creo que son un instrumento y que tienen cierto valor, pero las cuotas no son la solución.

¿Ni siquiera aplicándolas durante un tiempo mientras se acortan las distancias?

Sí, no me molestan, pero, insisto, no creo que sean la solución. Si el acceso de las mujeres se basa únicamente en cuotas, encontrarán la manera de saltárselas, como pasa con Hacienda, que todo el mundo busca la forma de pagar menos. Lo importante es conseguir que evolucionen las empresas y los ejecutivos para que se den cuenta de que la sociedad, sus clientes y sus socios no van a tolerar ciertas prácticas.

No se puede silenciar al 50 por ciento de la población.

No puedes. Las cuotas, sin duda, han ayudado, pero la solución pasa por tener sistemas y organizaciones más transparentes, pasa por la meritrocracia y también por una mayor ambición por parte de la mujer. Nuestros jóvenes han de aprender del modelo anglosajón, que defiende que ser sanamente competitivos es bueno.

En una entrevista declaraste que estás convencida de que el número de mujeres en consejos de administración aumentará porque los resultados de las compañías mejoran con nosotras. ¿Qué aportamos?

Aportamos muchas cosas. Primero, creo que las mujeres tenemos una perspectiva mucho más holística de absolutamente todo y, al mismo tiempo, somos muy pragmáticas. Y además solemos tener inteligencia emocional y sabemos manejarla. En mi experiencia profesional siempre he buscado rodearme del mejor talento y me he encontrado con unas mujeres con una capacidad de tenacidad altísima, superior a la de los hombres. La maternidad y su correspondiente baja no me preocupan, lo importante es que su capacidad para generar proyectos, para pensar cosas, sea la correcta y la que necesitas en cada momento. Por eso soy tan optimista, veo la fuerza y la capacidad de las mujeres y me admiro.

«Ahora la gente joven desea equilibrio entre vida laboral y ocio: quiere tener un mes libre para viajar, hacer surf o contribuir a un mundo más sostenible. Ahora no es solo el dinero que se cobra, también se trata del salario emocional.»

Sostienes además que la diversidad en los centros de poder es rentable.

Así es. Hay muchas publicaciones que demuestran que los consejos de administración donde hay diversos perfiles en experiencias, en formación, en género, cosechan a largo plazo mejores resultados que los que no son diversos. Cuando tú llegas a un sitio nuevo, lo ves todo con ojos frescos, ofreces una mirada que conlleva nuevos planteamientos, lo cuestionas todo. Ya solo eso genera valor. El valor de la diversidad es removerlo todo. Todos los sectores están en transformación y se necesita el mejor talento y da igual su estado civil, su género y dónde nació. Ya lo decía Einstein: «Si quieres conseguir cosas distintas, haz cosas distintas». Sí que creo que hay que hacer un esfuerzo muchísimo mayor por parte de mujeres que quieren asumir puestos de liderazgo, porque un puesto de ese tipo supone también momentos de gestión de crisis y viajar muchísimo. Muchas me dicen: «No quiero viajar», y es una decisión personal que puede variar según tu situación vital, pero hay una realidad: para poder competir en determinados puestos, hay asociado un precio que pagar. Ganas mucho más, pero tiene un coste.

El precio de la renuncia, ¿no?

En esta vida, todo tiene un precio. Si quiero dirigir una compañía a nivel mundial, tengo que viajar por el mundo, no puedo hacerlo desde un despacho de la Castellana. Tienes que ir a ver a tu equipo y clientes que están en Pekín, en Nueva York... Si no, serás un mal líder. ¿Qué estrategias vas a plantear si no conoces cómo está el terreno? Tenemos que ser coherentes con nuestras elecciones y en cada momento de nuestra vida profesional debemos tener las prioridades muy claras. Hay momentos en que mi cuerpo me pide que vuelque todo en mi vida profesional y otros en los que no.
En diciembre de 2016, residía en Nueva York y decidí que no quería viajar tanto. Vivía en un avión: todas las semanas hacía un vuelo de larga distancia, tenía veintiséis países a mi cargo, volaba más que una azafata. Llegó un momento en el que, con mi dosis de vanidad cubierta, deseaba tener más tiempo para mí. No quería ser la más rica

del cementerio. En mi caso, sucedió algo que, además, lo cambió todo. Un día, me llamó mi hermano para decirme que mi madre estaba en la UCI porque había sufrido un ictus. El primer vuelo que salía para España era a las cinco de la tarde, por lo que no llegaría hasta el día siguiente. En esos momentos, solo le pedía a Dios que me permitiera llegar a tiempo para despedirme de ella. Mi madre salió adelante, pero me necesitaba y mis prioridades cambiaron. Regresé a España, dejé mi vida de ejecutiva, dejé de vivir en un avión y me reinventé.

«Las mujeres tenemos una perspectiva mucho más holística de absolutamente todo y, al mismo tiempo, somos muy pragmáticas.»

¿Cuál es el precio que has pagado por llegar tan alto?

He pasado mucho tiempo fuera de mi casa, me he sentido sola muchas veces, me he sentido desarraigada... Me divorcié de mi primer marido y en el divorcio algo tuvo que ver mi trabajo también. Llegó un momento en el que estar en Estados Unidos y en Bayer no me compensaba. Odiaba ir al aeropuerto el domingo por la tarde para estar el lunes por la mañana en Alemania. Recuerdo un vuelo de once horas de noche de Buenos Aires a Nueva York y al día siguiente por la mañana me iba a Alemania. En ese momento fui consciente de que estaba pagando un coste personal demasiado alto. Y puse en marcha el plan B. Mi nuevo planteamiento de vida lo fui improvisando cuando volví a España y me siento una privilegiada porque conseguí entrar en el gobierno corporativo y ya solo me dedico a ello. Me encanta poder influir en las organizaciones para que se elija el mejor talento, poder influir para que la ética esté presente en las decisiones de una compañía, asuntos que como ejecutiva intenté y que ahora como consejera quiero lograr.

Más de 400.000 mujeres dejan de trabajar a tiempo completo en España por no poder conciliar vida laboral y personal. ¿Qué tiene que pasar para que la maternidad deje de penalizar profesionalmente a las mujeres?

Tener uno de los índices de natalidad más bajos del mundo es un problema muy grave para España, pero nadie aborda seriamente la falta de ayudas a la maternidad y a las familias numerosas. Debería ser una prioridad económica para este país, porque, si no tenemos hijos, no sé quién va a hacer sostenible este sistema. No se ayuda en la flexibilización de los horarios, en favorecer el acceso de las madres a las empresas, en exigir a las propias empresas que haya guarderías. Uno de los grandes enemigos de la conciliación es la tiranía de los horarios. Hay una cultura antigua en España ligada a la presencia física en el trabajo. Hoy en día, el teletrabajo debería ser viable en casi todas las compañías. Si tú, por ejemplo, tienes que entregar un reportaje mañana, es tu problema a qué hora lo escribas o lo envíes con tal de que a las nueve de la mañana esté en el correo de tu jefe. Y, por otra parte, en la conciliación tienen un papel fundamental los padres. Cada vez más hombres llevan a sus hijos al colegio, van a las funciones escolares...

Hombres que se quedan en casa para que sus mujeres despunten en sus carreras profesionales.

Mi marido me ha ayudado en todo. En 2011 nos fuimos a Brasil y él dejó su empresa y me acompañó. Siempre se lo agradeceré. Conozco muchos ejemplos así, familias en las que el salario principal es el de la mujer y ellos se dedican a la logística del hogar y la familia. Si hay algo fundamental en esta vida, es elegir bien a tu pareja. Si te casas con una persona a la que le tienes que poner las zapatillas en la puerta, la cena hecha..., no merece la pena. Si vamos a hacer un proyecto de vida con alguien, debemos compartir esa vida, y ser padres es una corresponsabilidad: yo lo voy a gestar y lo voy a parir, pero la crianza es cosa de los dos. Creo que en las parejas jóvenes ya tienen más asumidos estos conceptos, pero queda mucho por hacer.

Hay que cambiar el enfoque de que la maternidad penalice. Cuatro meses de baja no debe suponer ningún lastre en tu carrera profesional. Hay personas que se cogen cuatro meses sabáticos para hacer un viaje y no les hunde su trayectoria. Hay que modificar mentalidades y hay que dar ejemplo: tú no puedes convocar una reunión a las seis de la tarde ni enviar correos a las diez de la noche, es una cuestión de responsabilidad y educación. Tenemos que educar a nuestros maridos, a nuestros jefes, a nuestros colegas y a nuestros subordinados.

Me gusta escuchar cómo le reconoces a tu marido su papel en tu carrera profesional.

En mi carrera, cada ascenso y cada éxito lo he vivido como el triunfo de los dos, del equipo que formamos mi marido y yo. Es imposible sobrellevar en soledad y sin apoyo un puesto ejecutivo de tanta responsabilidad. Cuando lo asume una persona sola, no perdura en el tiempo, se hunde. O se divorcia, o le da por hacer locuras, cae en barbaridades porque se necesita equilibrio, se necesita apoyo.

«Hay una cultura antigua en España ligada a la presencia física en el trabajo. Hoy en día, el teletrabajo debería ser viable en casi todas las compañías. Si tú, por ejemplo, tienes que entregar un reportaje mañana, es tu problema a qué hora lo escribas o lo envíes con tal de que a las nueve de la mañana esté en el correo de tu jefe.»

Un entorno que te sostenga.

Absolutamente. Cuanto más arriba estás, más necesario es el equipo. Si no hubiera tenido el apoyo de mi marido, a lo mejor no me hubiera ido fuera de España. No es solo una cuestión de dinero: es llegar a casa y no cenar sola, es que llegue el fin de semana y no sepas qué hacer, es sentirte viva como persona, no solo como profesional. Si tú no me apoyas, a lo mejor no eres el compañero de viaje que necesito. Quiero que me apoyen y me respeten, yo ofrezco lo mismo. Y la logística la organizamos entre los dos: a lo mejor salgo menos a comer fuera y me compro menos ropa para tener quien me ayude en casa. Todo es cuestión de organización.

¿Crees que hubiese sido compatible la maternidad con tu carrera profesional? ¿Hay mujeres que están donde tú estás y han sido madres?

Muchísimas. Mariló Dancausa es consejera delegada de Bankinter y tiene tres hijos. Rosa García, que fue presidenta de Siemens Gamesa, tiene tres niñas. Es que la gran mayoría que conozco tienen hijos. Lo que pasa es que hemos elegido a los maridos correctos y hemos buscado ayuda, no nos hemos dedicado a hacer pilas de billetes con el dinero, sino que hemos invertido en comodidad para nuestras familias y para nosotras. He sido flexible para poder decir a las cinco que me tengo que ir e irme. Claro que es compatible la alta dirección con la maternidad.

Dicen que las mujeres con poder asustan a los hombres. ¿Me lo confirmas o me lo desmientes?

Sé que asusto tanto a hombres como a mujeres, sé que es así. Es consecuencia de ser una persona con mucha autoconfianza y muy asertiva. Además, soy muy directa a la hora de hablar y eso en Latinoamérica, por ejemplo, me ha traído algún que otro problema, porque pensaban que estaba enfadada o era muy brusca. Yo pongo firme a todo el mundo y me da igual que sea hombre o mujer, me da igual que sea presidente del Ibex, que tenga treinta o sesenta años. Como he tenido funciones ejecutivas desde muy joven, desde los veintinueve años, moviéndome con gente muy poderosa y en un mundo muy masculino, pues soy muy asertiva. Mi abuela y mi madre también lo han sido. Las mujeres que tenemos carácter y somos asertivas damos miedo a todos en general.

¿Has sentido la necesidad de masculinizarte para hacerte respetar?

No, qué va, todo lo contrario. Yo solo llevo una agenda y, si el hueco que me queda libre para hacerme las uñas es a las once de la mañana, me voy de la oficina, me las hago y vuelvo. Y no lo oculto, igual que jamás pido a nadie que justifique su horario, solo pido que haga su trabajo a tiempo y con calidad. A mí, si te vas a buscar a los niños o a comer con una amiga, me da igual. Recuerdo que, cuando llegué a Brasil, en mi oficina había pocas mujeres, dos secretarias y dos ejecutivas, el resto eran todos hombres. Todos iban muy grises y me decían: «Laura, es que vienes muy arreglada», y yo contestaba: «Cada uno tiene su estilo, y a mí ir arreglada me da confianza en mí misma y seguridad». Tu imagen también comunica, conlleva un mensaje. No tiene que entrar en conflicto la feminidad con el liderazgo. Siempre intento ir mona porque me gusta.

¿Te consideras feminista?

Me considero feminista, pero no antihombres, ni estoy de acuerdo con un montón de cosas que se han hecho y se han dicho el 8M que me parecen vergonzosas. Creo que se ha politizado todo. ¿Hacer una huelga? ¡Pero vamos a ver! Está muy bien que digamos que en nuestro país hay injusticias, que las habrá, pero también hay que reconocer que somos unas privilegiadas por vivir en este entorno y ser hijas de esta generación y vivir en Occidente. El feminismo puede ser un arma positiva para construir una sociedad con mayor igualdad, pero hay personas que lo están utilizando de manera torticera haciéndonos muchísimo daño a las mujeres.

¿Quién es la mujer a la que más admiras?

Siempre he dicho que admiro a las mujeres sencillas como mi madre, que nunca han tenido un reconocimiento y que han sido superabnegadas y supergenerosas. Hay tantas mujeres con una capacidad de reinventarse admirable, mujeres que se quedan viudas o que son madres solteras y sacan todo adelante solas. A una mujer que es «hija de», como, por ejemplo, Ana Patricia Botín, no le quito ningún mérito, porque es una mujer muy inteligente, pero admiro mucho más a las mujeres que son heroínas anónimas que hacen milagros, las que no salen en televisión y nadie les hace entrevistas, pero que son mujeres con una resiliencia y una capacidad de superación brutales.

¿Y a qué hombre admiras más?

Admiro a la gente que tiene valores, que es educada, respetuosa, generosa, culta, esa gente que cada vez que hablas con ellos te alimentan el alma. Aunque soy poco personalista, te voy a decir dos nombres. El exministro Enrique Sánchez de León, con quien me quedo embobada escuchándole hablar. Tan caballero, tan culto, tan generoso. Y otro hombre al que admiro muchísimo: el presidente de Bankia, José Ignacio Goirigolzarri. Trabajador incansable, muy carismático y humilde. Quizá, del mundo corporativo empresarial, sea el hombre al que más admiro.

Si tuvieses la oportunidad de hablar ahora con aquella Laura que empezó a trabajar de comercial, ¿qué consejos le darías?

Que no se angustiara tanto, porque soy sufridora. La inutilidad del sufrimiento es una conclusión a la que llegas con los años. Quizá he sufrido en exceso por mi propio afán de superarme y no defraudar. He sido muy autoexigente conmigo misma. No ha sido mi entorno, he sido yo.

¿Y si pudieses hablar con la pequeña Lauriña, qué le dirías?

Que hiciera sus sueños realidad, que fuera feliz. Creo que he estado quizá muy volcada en trabajar y tener dinero, esa era mi prioridad. Lo de ser feliz no estaba planteado como un objetivo cuando era joven, hoy sí que lo es. Le diría: «¡Lauriña, sé feliz!».

Sonia Vivas

Policía y concejala de Justicia Social, Feminismo y LGTBI en Palma de Mallorca

«Ningún hombre muere con la ropa interior en la boca, ni con la ropa interior estrangulándole, ni semidesnudo y violado en un pozo o desnudo y entre unos arbustos. Si un hombre muere así, es a manos de otro hombre. El problema es evidente.»

Sonia Vivas

Barcelona, 1978

Sonia Vivas creció en un complicado barrio de El Prat de Barcelona. Los padres, que residían en San Cosme, vivían con miedo a que sus hijos cayesen en la heroína. La familia de Sonia, de origen extremeño, se había ido a buscar las lentejas a Cataluña, como muchos otros paisanos. Cuando a Sonia le preguntaban que quería ser de mayor ella lo tenía claro: «Quiero ser policía». Su madre vivía con mucho recelo esta vocación tan temprana de su hija mayor. No había entonces aún mujeres patrullando las calles ni recogiendo denuncias en las comisarías. Eran otros tiempos. La madre de Sonia estaba preocupada porque su hija quería tener una profesión de hombres, pero a Sonia lo que le inquietaba era otro asunto: se sentía diferente. Y sola. Pensaba que lo que le pasaba a ella no le pasaba a nadie más en el mundo. «Me di cuenta muy jovencita, como con nueve años, de que algo fallaba. Me gustaban las madres de mis amigas, me di cuenta de que no sentía como la gente que me rodeaba.» Y un buen día, gracias a una revista, descubrió que era lesbiana, una mujer a la que le gustan las mujeres. Y sintió mucho alivio. «Hablamos de una época sin referentes, ni en los libros, ni en las películas ni en la televisión.» A Sonia le gustaban las chicas y sufría porque «sabía que en mi casa no lo iban a aceptar. No tenían ni herramientas ni conocimiento de la homosexualidad más allá del marica del pueblo». Todavía hoy en día, la madre de Sonia llama «amigas» a las novias de su hija. «Ha sufrido mucho con mi tema y el de mi hermana, que también entiende. Pertenece a otra generación.»

Si le preguntas a Sonia quién era su dios en la infancia y la adolescencia, responde sin dudar: Madonna. «Mi madre como figura no me atraía en absoluto, porque las cosas que hacía me aburrían soberanamente. Representaba la imagen de la mujer que no quería ser. Yo no quería coser, no quería servir, no quería planchar, no quería dedicarme a lo que en aquella época hacían las chicas.» Sonia consiguió su sueño de ser policía, pero su vocación no resultó ningún camino de rosas. Hace unos años, denunció a varios compañeros por lesbofobia. Asegura que se respira mucho machismo en el seno de la Policía desde la academia. Las hostilidades y la discriminación acabaron en los tribunales, y la vida de Sonia cambió para siempre. «Todo este proceso me ha quitado la inocencia de pensar que vivíamos en un mundo mucho mejor. Me ha arrebatado parte de la fe que tenía en la Policía como sistema y como organización. Todo esto se ha llevado por delante muchas cosas: una pareja de diez años, una profesión que me hacía muy feliz... Me ha generado muchísimo dolor y mucho sufrimiento, pero siempre pensaba en los peores momentos que había que transformarlo, que había que darle la vuelta.» Y así ha sido. Sonia zarandeó los cimientos de la Policía Local de Palma de Mallorca, donde llegó a dirigir, precisamente, la Unidad de Delitos de Odio, y es desde junio de 2019 la concejala de Justicia Social, Feminismo y LGTBI del Ayuntamiento de Palma por Podem. Además, desde su cuenta en Twitter remueve conciencias sobre la violencia de género y el machismo. Sus tuits son verdaderas bofetadas de realidad. Como una de las afirmaciones que hace en esta charla: «Estoy segura de que el delito por el que más policías están imputados o condenados en España es por violencia hacia sus parejas». Espeluznante.

Después de catorce años como agente de la Policía Local de Palma de Mallorca, das el paso de denunciar por acoso a varios compañeros. ¿Qué sucedió?

Creo que a muchas mujeres nos han pasado situaciones desagradables en el trabajo, en especial si tu ambiente laboral es un mundo de hombres y tú, además, eres lesbiana: bromas jocosas, referencias a tu cuerpo, que confundan piropos con faltas de respeto continuadas, que se suban vídeos porno a un grupo de WhatsApp del trabajo... Pero el nivel de hostilidad que sufrí cuando me pasé a la unidad motorizada pesada fue lo suficientemente importante como para decidir denunciarlo. Me discriminaron por mujer, por lesbiana y por autosuficiente. Mis acosadores daban por hecho que necesitaría ayuda para conducir mi moto de trescientos kilos, contaban con que no podría salir adelante sin ellos, pensaron que siempre me quedaría atrás. Cuando te vales por ti misma, sus chistes machistas no te hacen gracia y si encima eres lesbiana y no follable, te conviertes en el demonio. Ser lesbiana es un atentado a su hombría y a su ego masculino.

¿Tanto machismo se respira en la Policía?

Sí, el machismo lo tienes ya en la academia. Soy de una promoción de noventa policías en la que era la única mujer. Pasé seis meses conviviendo con ochenta y nueve hombres. Recuerdo que un inspector que vino a darnos clase se refería a los clubes de alterne como «sitios a los que van los hombres a divertirse» o «salas de juego», y luego, añadía entre risas: «Perdonad, que hay una chica en la sala». Eso es machismo recalcitrante, pero tampoco era consciente del todo cuando me sucedía.

Ponme más ejemplos de situaciones machistas que hayas vivido dentro de la Policía.

Todos los que quieras. Por ejemplo: que los compañeros cuestionen la capacidad de dos mujeres para poder patrullar solas. Otro ejemplo: que se dirijan a ti como «niña» cuando vas a solicitar algo al vestuario.

Tú te ves ahí con tu chaleco antibalas, todo tu equipo y en una conversación te llaman «niña» hasta seis veces. Recuerdo que le dije: «Hombre, compañero, ¿ya, no? Sabes mi nombre». Su respuesta fue: «¿Qué número tienes?», y le contesté: «¿Me vas a llamar 957?». Se sintió tan ofendido al ser consciente de lo que estaba haciendo que no tuvo la humildad suficiente para disculparse y prefirió referirse a mí por mi número identificativo. Muy triste. O estar en una sala diez o doce tías porque en el turno de día coincidimos muchas y llegar dos compañeros y decirnos: «¿Qué hacéis aquí tan solas?». ¿Solas? ¿Solas por qué? ¿Porque no estáis vosotros? Es así todo el rato. Pero, vamos, que yo he patrullado con compañeros que me han reconocido abiertamente que me ignoraban y ni me dirigían la palabra durante los servicios porque no les gustaba trabajar con mujeres.

¿Cuándo fue la primera vez que tú verbalizaste sin miedo que eras lesbiana?

Sin miedo absoluto y con orgullo total ha sido durante este proceso de denuncia, con treinta y tantos años. El gran paso que lo cambió todo fue cuando decidí salir en prensa y declarar: «Me llamaban la tijeras». Me costó muchísimo porque, en la primera entrevista que di, no lo dije, hablé de insultos, pero no quería verbalizar cuáles porque temía que esa palabra me estigmatizara ante la opinión pública. Apoderarme del término *tijeras* me liberó muchísimo.

¿Por qué crees que las mujeres homosexuales estáis más invisibilizadas que los hombres gais?

Pienso que tiene mucho que ver con que las mujeres nos construimos socialmente desde la vergüenza, incluso la sentimos cuando nos agreden. Cuando en mi trabajo me llamaban «tijeritas», sentía vergüenza porque estaban hablando de cómo me relacionaba con una mujer en el plano sexual.

Como si fuera algo sucio.

Exacto. La tijera es algo metálico que corta y hace daño cuando el sexo entre mujeres no tiene nada que ver con eso. Mi idea del sexo lésbico se aleja mucho de la que refleja el porno: dos mujeres con uñas largas haciéndose daño, maltratando sus cuerpos, tirándose del pelo... Todo se construye con la mirada de los hombres porque ese porno es para ellos. A mí no me excita ese tipo de porno entre mujeres.

Durante el proceso de denuncia por acoso a tus compañeros policías, también destapaste una trama de corrupción. ¿Cómo fue?

Soy testigo protegido de la causa de corrupción «Caso Cursach», que instruyó el juzgado número 12 de Palma. Yo tenía una libreta en la que iba anotando situaciones que me parecían llamativas y que tenían que ver con compañeros policías que, presuntamente, habrían colaborado con redes de explotación sexual de mujeres.

Policías corruptos vinculados a la prostitución.

Al menos, uno de los condenados por mi tema de lesbofobia declaró en un juzgado que había ejercido de portero de un puticlub estando de servicio como policía. Este agente en concreto también fue denunciado por violencia de género por un episodio en el que tuvieron que intervenir sus propios compañeros, aunque su mujer retiró los cargos.

Policías que deben velar por la seguridad de todos y son violentos. Háblame de esas manzanas podridas.

He presenciado muchas cosas en mi servicio. En Palma, una prostituta denunció que un compañero la había tirado dentro de un contenedor de basura. Otro policía acosó sexualmente a una compañera y fue readmitido.

¿Y la policía acosada cómo reaccionó?

Además de tener que seguir conviviendo y trabajando con su acosador, a la agente le dejaron de hablar muchos compañeros. Si se hiciera una estadística, creo que el delito por el cual más policías son imputados es la violencia hacia sus propias mujeres.

Es muy fuerte eso, eh.

Pero lo digo abiertamente porque es cierto.

«Soy testigo protegido de la causa de corrupción "Caso Cursach", que instruyó el juzgado número 12 de Palma. Yo tenía una libreta en la que iba anotando situaciones que me parecían llamativas y que tenían que ver con compañeros policías que, presuntamente, habrían colaborado con redes de explotación sexual de mujeres.»

Es muy grave afirmar que el delito más frecuente en el seno de la Policía es la violencia machista.

A mí me gustaría que el gobierno tuviera la valentía de hacer público el porcentaje de policías condenados o imputados por violencia de género. Creo y sospecho que es el delito por el que las Fuerzas y Cuerpos de Seguridad del Estado acumulan más imputaciones. Solo en mi entorno laboral conozco al menos quince casos. El protocolo dice que se les debe retirar el arma de fuego, así que no pueden salir a la vía pública. Su destino entonces es trabajar dentro de las comisarías o los cuarteles, por lo que estos agentes, presuntos agresores o agresores condenados, es muy probable que sean los responsables de tomar declaración a las mujeres que acuden para denunciar situaciones de violencia de género.

¡Es una situación demencial!

¡Es que no hay ningún protocolo que lo prohíba! Pero este no es el único problema. Yo misma he vivido situaciones muy complicadas dentro de la sala de atestados cuando recogía las denuncias de malos tratos y por eso diseñé un «circuito de la víctima», que nunca se puso en práctica. Mi idea era crear un circuito dentro del cuartel en el que la víctima nunca se encontrase con su agresor ni con la familia, al igual que nunca se le tomaría declaración en espacios que comunicaran con el calabozo. He recogido denuncias a mujeres mientras sus agresores las llamaban a gritos y las coaccionaban detrás de las rejas. Aparte de que es absolutamente necesario que los policías que cursen este tipo de denuncias estén especializados y formados en violencia de género, porque no es lo mismo tomar declaración por un robo que por una situación de malos tratos. Le dicen a la víctima: «A ver, cuéntame lo que ha pasado hoy», y el delito de violencia de género es un delito progresivo, tú tienes que contar lo que te lleva pasando diez años, cinco meses, ocho semanas. No puedes ir y decir: «Hoy me ha cogido del pelo y me ha dado una bofetada». Que cuente que hace tres semanas la amenazó con un cuchillo, que le mira el teléfono móvil... Toda esa progresión es necesaria para actuar como debemos. Esas declaraciones incompletas llegan luego al juzgado y los jueces y fiscales se basan en esos informes para dictar medidas cautelares o no,

antes de ver a la víctima. Fíjate en qué importancia tienen esas declaraciones si no se toman correctamente. Cuando ellas llegan al juzgado y cuentan detalles que no constan en el informe de la Policía, el abogado de la defensa les dice: «Eso haberlo dicho en la comisaría, viene aquí a mentir». De ese tipo de anomalías salen los argumentos para las denuncias falsas de VOX y otras tantas barbaridades. Si no hay una mirada de género, una formación y una sensibilización, ¿qué protección le van a dar a esa mujer? De hecho, desde la Unidad de Violencia de Género, lo único que se hace es llamar por teléfono a la víctima al día siguiente o al otro.

¿Me estás diciendo que todo el seguimiento que se hace de una mujer que denuncia malos tratos es una llamada para ver cómo está?

Sí. En la mayoría de los casos son llamadas de vez en cuando para ver cómo están. Eso es la protección: llamar, mantener contacto... ¿Es eso proteger? Es fuerte.

¿De quién es responsabilidad que la protección que se está ofreciendo a las mujeres maltratadas sea únicamente una llamada telefónica de seguimiento?

Eso es así porque no se destina dinero para todo esto.

¿Es un problema de la ley o del presupuesto destinado para esa ley?

La ley sin dotación económica es ineficaz, pero, además, no es perfecta. Entre otras cosas, solamente protege a aquellas mujeres que mantienen una relación afectiva con sus agresores. Yo, como mujer lesbiana, si se ejerce sobre mí una violencia, bien sea que se me viole o se me agreda, la ley no me protege porque no soy ni novia ni mujer del agresor. Fíjate en si es patriarcal esta ley, que es el agresor el que decide a quién se protege, ya que solo se incluyen a las mujeres que tienen un vínculo con él, a todas las demás no. Cuando hablamos de noventa muertas al año, estamos hablando de noventa muertas a manos de novios y maridos, no de todas las demás mujeres que aparecen enterradas en barrancos, tiradas en cunetas o en el fondo de los pozos, esas no cuentan.

Como el caso de Laura Luelmo.

Así es. Una mujer que viene al cuartel porque le ha dado una paliza un hombre con el que lleva saliendo dos semanas no está considerado un caso de violencia de género porque solo son dos semanas, aunque le hayan dado la paliza más grande del mundo. Tiene que haber una convivencia, un noviazgo largo. Esta ley está obsoleta. E insisto, sin dotación económica, no se puede formar en violencia de género y hay muchos compañeros con ganas de hacer ese trabajo, hay gente motivadísima y encantada de recibir esa preparación y dedicarse en exclusiva a luchar contra estos delitos.

Creo que es muy importante lanzar el mensaje de que no todos los policías son malos y machistas.

¡Qué va! Existen policías maravillosos y muy sensibilizados con la violencia contra las mujeres. Pero hay que mejorar el presupuesto para luchar contra esta lacra. Estamos ante un problema de Estado. Te doy un dato: estadísticamente, a cada policía le corresponde la protección de mil seiscientas mujeres, ¡mil seiscientas!

En una entrevista declaraste que no te parecía llamativo que algunos de los integrantes de «La manada» de San Fermín fueran un militar y un guardia civil. ¿Por qué no te sorprendió?

Pues porque las identidades de las Fuerzas y Cuerpos están construidas sobre los estereotipos más rancios, machistas y homófobos, y eso, en ocasiones, desemboca en querer ejercer el poder de someter a una mujer como sucede en una violación. El violador no obtiene tanto placer sexual como placer por el sometimiento de ella. Algunas manadas se han producido dentro de los cuarteles y se han ocultado porque el régimen militar lo ha resuelto de manera interna.

Ha habido compañeras drogadas con burundanga dentro de un cuartel y se ha corrido un tupido velo sobre los hechos. ¿Por qué la sociedad civil no puede tener acceso a la información sobre lo que le ha sucedido a una servidora pública que está en un cuartel y ha sido drogada con burundanga y violada por sus propios compañeros? Porque eso es el régimen militar.

«Una mujer que viene al cuartel porque le ha dado una paliza un hombre con el que lleva saliendo dos semanas no está considerado un caso de violencia de género porque solo son dos semanas, aunque le hayan dado la paliza más grande del mundo. Tiene que haber una convivencia, un noviazgo largo.»

¿Por qué crees que hay ahora tantas manadas?

Porque probablemente esos hombres han forjado su sexualidad viendo pornografía, y una violación en grupo es una manera de ser los protagonistas de su propia película, porque, además, lo graban para difundirlo. Se convierten en el actor que han visto cómo cogía del pelo a una mujer, la penetraba por todas partes y la sometía a todo tipo de vejaciones. La capacidad de ser ese actor porno, someter a esa mujer y que lo vea todo el mundo es un acto de exhibición que les reporta un placer infinito. Nosotros lo vemos como una violación en grupo, pero ellos no. Ellos están convencidos de que son inocentes y de que una chica ebria de dieciocho años esa noche buscaba que cinco energúmenos en un portal la acorralaran con sus pollas y la penetraran por todas partes. Eso es así y es muy fuerte. La construcción mental y educacional de toda una generación es así. Sus padres se quejan de que haya prostitución en las calles porque los chavales lo ven, pero luego tienen un móvil y ven películas porno con once años. Con esa edad, tienen acceso a través de sus teléfonos a cine para adultos donde a las mujeres se les cachetean las nalgas, se las llama putas, se las penetra por todos los orificios mientras se las escupe, se las amordaza, se las viola en grupo... Pero luego sus padres se ofenden porque haya una prostituta en una esquina. Hablamos de jóvenes que ni siquiera se han besado con una chica pero consumen ese tipo de porno violento. ¿Cómo son luego las relaciones? Pues utilizan a las chicas para recrear todas esas escenas que han visto porque piensan que se folla así. Es un desastre total y absoluto, y eso son las manadas. Es el resultado de la educación sexual que obtienen los jóvenes a través del porno. Pon la burrada más loca que se te ocurra en Google y te saldrá un vídeo porno que lo recrea. Es una barbaridad.

¿Consideras que hablar de este tipo de violaciones en grupo en los medios de comunicación provoca un efecto llamada?

El hecho de que las manadas sean un asunto muy mediático puede que haya provocado un efecto llamada o imitación. Pero, por otro lado, también es cierto que el caso de Pamplona ha generado una movilización social hasta el punto de que se puede llegar a reformar el Código Penal para que casos flagrantes de violación no se queden en abusos sexuales. La víctima de «La manada» ha pasado por un proceso terrible, pero su valentía ha conseguido remover muchos cimientos del machismo en este país. Su caso ha favorecido que muchas mujeres contaran su historia y dejasen de sentirse culpables. Todo esto lo ha provocado la compañera víctima de «La manada» de Pamplona. Se ha inmolado a lo bonzo por nosotras y por muchísimas mujeres que sentían una vergüenza enorme por haber sido violadas porque se sentían responsables y han roto esas cadenas. En eso consiste el #MeToo.

El hashtag #cuéntalo de la periodista Cristina Fallarás generó un fenómeno brutal, impresionaba mucho leer cómo tantísimas mujeres habían sido agredidas de alguna manera. Durante mucho tiempo, hubo un silencio, la vergüenza te llevaba a callarte y a no compartirlo con nadie porque tenías miedo a ser juzgada. Hasta qué punto habías colaborado, hasta qué punto te lo habías buscado. Sin embargo, en Estados Unidos el #MeToo hizo que muchas mujeres conocidas dieran un paso adelante y denunciaran haber sido víctimas de acoso mientras que aquí eso no ha ocurrido. ¿Cuál crees que es el motivo?

En Estados Unidos no han tenido al franquismo durante cuarenta años y eso nos lastra mucho. Haber estado cerrados al mundo durante tanto tiempo tiene su mochila y hace muy complicado que se dé un paso adelante. Además, incluso puede afectarte laboralmente.

¿Crees que no denuncian por miedo a que se les cierren puertas laborales?

Sí y también que a muchas les ha pasado y no lo saben. No han sabido interpretar lo que les estaba sucediendo y se han sentido fatal pensando que era culpa de ellas. Han vivido situaciones que les han resultado incómodas o molestas, pero piensan que es responsabilidad de ellas y no las leen como agresiones o acosos. También hay muchas mujeres feministas que hacen feminismo todos los días sin saber que son feministas. Esas mujeres ayudan y contribuyen a que este país sea mejor. Ser feminista es educar a tu hija en igualdad. Tener un hijo y una hija y educarlos igual es feminismo, y a lo mejor esos padres escuchan la palabra *feminismo* y les horripila.

Ahora parece que hay que ponerle etiquetas al feminismo.

Bueno, hay gente que se quiere agenciar el feminismo. También dicen que hay muchos feminismos, pero no, solo hay un feminismo.

¿Qué te parece la gente que llama a las feministas «feminazis»?

Que son unos pobres de espíritu que me dan mucha pena, porque se vive una vez y estar tan llenos de odio y vivir en esas pugnas de hablar del nazismo tan ricamente es muy triste. Debería estar prohibido, debería ser como el negacionismo del Holocausto, que está penado. Banalizar el nazismo asociándolo a un movimiento que busca un cambio social para que seamos todos iguales debería ser punible, pero en este país es impensable.

El sexismo no tiene ideología. ¿Estás de acuerdo?

Emilia Pardo Bazán era una mujer liberal que impulsó el derecho de voto femenino en contra de muchas mujeres que decían que no deberían tener ese derecho. Los hombres de derechas y de izquierdas son igual de machistas, que no parezca que en la izquierda los hombres son mejores. En la guerra civil, en el bando republicano, las que hacían los panfletos eran ellas mientras ellos organizaban. El proxeneta es de izquierdas y de derechas, el hombre es hombre tanto en la derecha como en la izquierda.

¿Qué crees que tiene que pasar en España para que el movimiento feminista triunfe?

¿Pero en qué tenemos que triunfar?

Con triunfar me refiero a que el feminismo realmente se refleje en medidas, en cambios. Porque yo puedo salir a la calle las veces que haga falta a manifestarme, pero si nada mejora y la igualdad real sigue siendo una utopía, ¿de qué nos habrá servido?

El feminismo triunfará en el momento en el que los hombres entiendan su responsabilidad para alcanzar la igualdad y no tengan miedo de reivindicarse como feministas. El hombre ha de deconstruirse. El cambio llegará cuando estén dispuestos a cedernos su privilegio para que seamos iguales de verdad. El movimiento LGBTI éramos al principio cuatro mataos. Cuando se convirtió en masivo, y lo digo porque lo he visto con mis propios ojos, fue cuando las madres, sobre todo las madres que tienen ese poder transformador, y los padres dijeron: «Nuestros hijos deben tener los mismos derechos» y se tiraron a las calles y se asociaron para luchar por ello. Comenzó a cambiar cuando las madres de los trans hicieron lo mismo. [Se emociona.]

¿Qué te emociona?

Pues que cuando la gente a la que tú quieres y a la que tú necesitas deja de avergonzarse de ti y se organiza y levanta tu voz porque no se te está escuchando; eso es lo que genera el cambio real. Al final, es la fuerza del que tiene el poder la que te tiene que ayudar.
Las manifestaciones del 8M son de mujeres y somos nosotras las que tenemos que reivindicar lo que nos pasa, pero el hombre debe ayudarnos. La verdadera transformación va a ser cuando el hombre diga: «Yo no quiero ser ese tipo de hombre», y eso sea masivo.
Por eso, no estoy de acuerdo con que haya manifestaciones solo de mujeres. Creo que podemos salir solas a reivindicar a la calle, pero debe haber un lugar de encuentro donde los hombres nos estén esperando para unirse a nosotras. No vamos a conseguir nada solas como el movimiento LGBTI no habría conseguido reventar las calles del mundo entero si nuestras madres, nuestros amigos y nuestra familia hubiesen seguido sintiendo vergüenza de nosotros. Hasta que el hombre no se convierta en un traidor de su género, aquí no va a haber cambio. Esto no puede ser un movimiento sectario. El odio es una hidra a la que, si le cortas una cabeza, le salen siete más, ¡cuidado!

«El feminismo triunfará en el momento en el que los hombres entiendan su responsabilidad para alcanzar la igualdad y no tengan miedo de reivindicarse como feministas. El hombre ha de deconstruirse.»

Abordemos ahora un tema que conoces bien por tu trayectoria policial. ¿Hay mujeres que ejercen la prostitución libremente?

Creo que sí; de hecho, se reivindican, pero son una ínfima minoría. Esas mujeres que aseguran haber elegido la prostitución libremente no representan a las niñas y mujeres víctimas de la trata de personas y la explotación sexual. Ninguna niña sueña con ser puta de mayor.

¿Estás a favor de la legalización?

No, soy abolicionista, pero entiendo que políticamente abolir la prostitución es algo infinitamente complejo. Estoy a favor de facilitarles la vida a las prostitutas todo lo posible: que tengan sus médicos, que estén bien atendidas, que estén formadas y que tengan la oportunidad de hacer otras cosas. Abolir la prostitución es una utopía y no estamos preparados para ello, pero legalizarlo para que las mujeres estén en escaparates como en Ámsterdam me parece terrible. En un mundo perfecto, no habría ni prostitutas ni puteros.

¿Crees que es posible acabar con la prostitución?

Mientras pensemos que es el oficio más antiguo del mundo cuando en realidad es la opresión y el modo de violencia más antiguo del mundo, no conseguiremos erradicarla. Mientras el hombre no tenga la sensibilidad suficiente para entender que esa mujer lo único que quiere es el dinero y que está en una situación de vulnerabilidad que la obliga a conseguirlo vendiendo su cuerpo, no será posible.

¿Quién es la mujer a la que más admiras?

Tengo mucha admiración por Lidia Falcón, a la que he tenido el placer de conocer personalmente. Es una mujer que ha estado colgada de una viga mientras un policía la azotaba y, sin embargo, jamás ha tenido un prejuicio conmigo. Eso lo hacen las grandes como ella. Es una persona que es un referente para mí y una madre para muchas feministas. También admiro muchísimo a Maruja Torres. Recuerdo una columna suya en la que iba relatando como una mujer iba accediendo a las peticiones de un hombre hasta que terminaba por entregarle su lengua dentro de una cajita. Me parece una jefa. Maruja es una mujer que ha hecho feminismo cuando te pegaban por salir a la calle. Tenemos derechos y podemos estar hablando tranquilamente de esto aquí hoy por mujeres como ella y como Lidia. También admiro a Angela Davis, aunque con ella discrepo en que considera que existen varios feminismos y yo defiendo que solo existe uno.

¿Y a qué hombres admiras?

Soy muy fan de Zapatero y de Zerolo. De José Luis Rodríguez Zapatero porque nos permitió ser ciudadanos de primera y tuvo la valentía de enfrentarse hasta con el Papa. Me parece un tío del que se han reído mucho y que ha sufrido mucho. Lo admiro profundamente. Nos supo colocar en el lugar que nos merecemos de la mano de Pedro Zerolo, que se plantó y dijo: «Por aquí no vamos a pasar». Son dos hombres maravillosos.

Si pudieses hablarle a la Sonia niña, ¿qué le dirías?

Tranquila, no te preocupes, estoy aquí. Tranquila, pequeña, voy a protegerte. Ninguno de estos va a acabar matándote. La Sonia niña existe, yo la he protegido y por eso me repetía en los momentos más complicados en la Policía: «No te vuelvas mala, no dejes que te conviertan en algo que no eres». Ese ha sido mi mantra siempre. Ahora, que estoy en política, lo mantengo.

Verdeliss

Youtuber y madre de siete hijos

«Existe un manual no escrito de cómo debe ser una madre ideal que nos hace perder todo el criterio. Al seguir un dogma perdemos el instinto que tenemos como madres, que es personal, único, exclusivo y va profundamente ligado a cada hijo. Nos olvidamos de ser madres de verdad, somos productos de lo que se nos dice que tenemos que hacer.»

Verdeliss

Pamplona, 1985

Estefanía Unzu, el verdadero nombre de Verdeliss, es la cuarta de siete hermanos. La mediana de su gran familia se recuerda como una niña muy creativa, con mucha imaginación, muy despierta y muy aventurera. Los padres de Verdeliss criaron a sus siete hijos en un ambiente de corresponsabilidad poco habitual en la España de la década de 1980. «Mi madre era profesora de educación física y mi padre también trabajaba fuera de casa, y nunca he visto diferencias en sus niveles de implicación, tanto con sus hijos como con las tareas del hogar.» El atletismo siempre ha sido el deporte de cabecera de los Unzu. Cuando Estefanía era adolescente, todos en casa practicaban esa disciplina. Sin embargo, Verdeliss aborrecía correr y, aun así, competía. «No me gustaba nada el atletismo, y además era obligatorio triunfar en la alta competición, luego también en los estudios, tenía que ser la mejor en todo. Aquella época me hizo apartarme hasta de mis amigas, me pasé varios años de mi vida triste y sola por querer ser perfecta. Ahora volvería a ese momento y me diría: "Haz lo que a ti te apetezca, si no quieres hacer atletismo, no lo hagas, no hagas nada por agradar a los demás".»

Verdeliss se enamoró perdidamente de Aritz cuando tenía dieciocho años y dejó su vida en Pamplona para seguirle hasta Madrid, donde su novio había encontrado trabajo como abogado en un despacho familiar. Pronto y por sorpresa llegó Aimar, su primer hijo. Pero antes de ser madre se llevó su primer varapalo cuando la echaron del trabajo por estar embarazada con diecinueve años. Desde ese momento, el germen del feminismo se instalaría en su conciencia para siempre. Verdeliss soñaba con ser matrona pero se conformó con formarse para auxiliar de enfermería, estudios que se pagó con su sueldo de camarera. Antes de vivir de su canal de YouTube y crear su marca de ropa, Verdeliss y Aritz criaron a sus hijos mayores casi sin verse, primero porque sus turnos eran cruzados y después porque vivieron separados, ella en Pamplona y él en Madrid. «Yo hacía turno de noche, primero de camarera y luego en el hospital. Cuando llegábamos a casa teníamos la sensación de no estar al ciento por ciento para disfrutar de los primeros años de nuestros hijos. Así hemos estado mucho tiempo, no pudiendo ni Aritz ni yo dedicarnos juntos a una vida familiar. En cambio, ahora estamos los dos en casa.»

Verdeliss tiene muy presente que es una privilegiada. Se considera muy afortunada por poder vivir de su *hobbie*, de crear vídeos de su familia para compartirlos en YouTube, donde las grabaciones de sus partos o de la crianza de sus hijos acumulan millones de visualizaciones. Ella cree que el secreto de su éxito es su naturalidad, mostrar al mundo sin filtros el día a día de una familia de nueve miembros. Y otra clave: hablar sin tabúes de las aristas más oscuras e inexploradas de la maternidad. Siempre bajo una premisa: no juzgues a ninguna madre. Sabe bien de lo que habla, pues le han llovido críticas muy duras antes y después de entrar embarazada en la casa de *Gran Hermano*. Charlar con una mujer que ha parido seis veces y tiene siete hijos es, sin duda, todo un tratado de maternidad.
Y escucharla es un viaje emocional que no deja indiferente.
Coge tu maleta. Salimos ya.

En un país en el que han saltado todas las alarmas demográficas con una media de 1,31 hijos por mujer, tu marido Aritz y tú sois padres de siete críos: Aimar, Irati, Laia, Julen, las mellizas Eider y Anne, y Miren. ¿Entraba en vuestros planes formar una familia numerosa?

Sí, siempre soñamos con tener una familia numerosa, los dos hemos crecido felices rodeados de muchos hermanos. Es una opción tan respetable como la de quien no quiere ser padre o quien desea rodearse de animales o ser soltero. Pero hay una necesidad horrorosa de etiquetarnos a todos. En nuestro caso parece que nuestra decisión de tener siete hijos esconde algún tipo de conspiración.

O que sois del Opus Dei, siempre se piensa que detrás de una familia numerosa hay una motivación religiosa.

Así es y nuestra realidad es que solo hay una convicción familiar, nada más. Es como las mujeres que deciden no tener hijos, también tienen que justificarse y dar todo tipo de explicaciones cuando ser madre no es una obligación. También se presiona a las mujeres que retrasan la maternidad. Tenemos muy normalizados comentarios llenos de prejuicios.

Como la pregunta que me hacen continuamente sobre si voy a volver a ser madre.

Ya, eso de ¿cómo vas a dejar sola a tu hija?

Exacto. Nunca le pregunto a una mujer si va a ser madre o si tiene hijos porque desconozco su realidad. No sé si está pasando sin éxito por tratamientos de fertilidad, no sé si se ha quedado embarazada y lo ha perdido o no quiere tenerlos.

Cuando no tienes hijos, la pregunta es cuándo vas a ser madre. Cuando tienes el primero, que si le vas a dar un hermanito. Entonces, debes tener un tercero, pero como pases a un cuarto o más, ahí hay algo extraño, ya no está bien tantos hijos. Qué manía con dirigirnos en qué tenemos que hacer con nuestras familias.

Tienes casi dos millones de suscriptores en tu canal de YouTube, tus vlogs acumulan millones de visualizaciones y también has alcanzado el millón de seguidores en Instagram. ¿Cuándo comenzaste a subir vídeos de tu familia en las redes sociales?

En 2007 me abrí un perfil en YouTube para publicar un vídeo en el que aparecíamos una compañera de trabajo y yo cantando con nuestros hijos en un karaoke. La grabación pesaba mucho para poder enviársela a nuestra familia con los medios de los que disponíamos hace doce años. Una vez creada la cuenta, como nosotros vivíamos en Madrid y nuestra familia en Pamplona, comenzamos a usar YouTube para compartir con ellos celebraciones como los cumpleaños y también momentos cotidianos. Cuando pegó el bombazo el canal fue cuando me decidí a expresar mis emociones. En mi cuarto embarazo, el de mi hijo Julen, di el paso de contar mis inseguridades y preocupaciones en mi perfil como si fuera mi propio diario y entonces se empezó a crear una comunidad de mujeres, de madres que pasaban por la misma situación que yo. Mi cuenta empezó a subir una barbaridad durante ese embarazo y, posteriormente, con el parto que grabé y subí al canal.

Ese parto, que fue el primero que compartiste, acumula más de 21 millones de visualizaciones. Tus seguidores han visto crecer a todos tus hijos, a los que muestras en vuestro día a día en los vídeos de tu canal. ¿Qué le dirías a la gente que te critica por exponer a tu familia en las redes?

Cuando aparezca algún contenido denigrante, discriminatorio u ofensivo, me pondré a contestarles. Todo lo que se muestra de nuestra familia es absolutamente respetuoso tanto hacia mis hijos como hacia nosotros. Enseñamos nuestra realidad al natural y eso significa no solo compartir los momentos felices. Defiendo que también hay que visibilizar los momentos de bajón, de agobio, los problemas cotidianos a los que se enfrenta una familia numerosa como la nuestra. No hay ningún contenido que pueda hacer daño a mis hijos, soy la primera que va a protegerlos porque soy su madre.

Además, estamos creando una hemeroteca de la historia de nuestra familia, son recuerdos bonitos que a mí me encantará tener el día de mañana y estoy segura de que a ellos también. Supongo que cada uno tiene su percepción de qué significa la exposición o la privacidad. Creo que cuando estás viviendo algo bonito se multiplica cuando lo compartes con el mundo. ¿Por qué no mostrar un parto? Es algo que genera mucha polémica, ¿por qué debemos mantenerlo de puertas para adentro? Al contrario, no hay nada más natural ni más humano. Siempre voy a defender que hay que enseñar al mundo cómo somos, cómo sentimos, cómo hacemos y lo que sí debería ocultarse es el odio, los juicios personales y el daño.

Todos los ingresos familiares provienen ahora de tu canal y tu marca de ropa, Greencorners. Habéis convertido un *hobby* en vuestro modo de vida.

Aritz y yo hemos conseguido la máxima conciliación gracias al canal y la comunidad que hemos creado. Después de muchos años de pasar carros y carretas, de sacar adelante a nuestros hijos sin poder casi vernos porque teníamos turnos diferentes o porque vivíamos en ciudades distintas, ahora nos dedicamos en cuerpo y alma a ellos. Es cierto que nuestro canal de YouTube se ha profesionalizado, hoy en día las redes pueden ser un medio de vida, pero nosotros hacemos ahora lo mismo que hacíamos hace diez años cuando era solo un *hobby*. Hay que sentirlo realmente como una pasión para estar durante una década invirtiendo tanto tiempo en subir contenidos sin obtener ningún beneficio económico. Pero ¿quién iba a decir que no?, ¿quién se niega a poder hacer de su *hobby* su trabajo? Todo el material que aportamos en las redes sociales lo organizamos sin nadie detrás que nos diga lo que tenemos que hacer. No hay horarios, hay flexibilidad total. Poder brindar todo este tiempo a nuestros hijos es el mejor regalo que les podemos dar.

¿Te preocupa qué puedan opinar tus hijos en el futuro? ¿Te has llegado a plantear que os puedan pedir ser anónimos?

Sí, claro. Para nosotros ha habido un punto de inflexión que fue el paso de nuestro hijo mayor, Aimar, al instituto. Nos preocupaba el cambio de un colegio familiar a un centro tan grande en plena adolescencia. El primer día sí que lo reconocieron algunos compañeros pero con aprecio y admiración. Hoy es el delegado de clase, forma parte del consejo escolar... Aimar, a sus catorce años, ya tiene la madurez suficiente para ser muy consciente de lo que significa la exposición, de lo que significa la popularidad. Creo que los adultos somos los que más nos preocupamos por esos temas, nuestros hijos están creciendo con una mirada muy distinta a la nuestra. Aimar es conocido pero eso no le hace tener que soportar situaciones incómodas. No lo he visto pasar por ahí. Hoy tiene su propio canal en YouTube con más de cien mil seguidores.

Precisamente por tu tirón como youtuber te ofrecen participar en Gran Hermano VIP 6 y te conviertes en la primera participante embarazada de la historia del programa. Tu mensaje era muy potente, una mujer gestante también puede concursar en un reality.

La mujer es la primera que puede decidir si está o no en un estado óptimo para hacer lo que quiera. Tratarnos como inválidas por estar embarazadas es una forma de discriminación. Yo tenía superclaro que mientras mi cuerpo me lo permitiera era yo quien tenía la potestad.

Tu decisión de entrar en la casa de *Gran Hermano* fue muy criticada, te acusaban de abandonar a tus seis hijos. ¿Crees que habrían cuestionado igual a tu marido por concursar?

Para nada, me dio muchísima rabia. Cuando me juzgan como madre es cuando más daño me pueden hacer. Es una puñalada en el centro del corazón. Leí muchos comentarios sin ninguna compasión que decían que estaba abandonando a mis hijos y, fíjate, nosotros hemos estado dos años en los que yo estaba al ciento por ciento con mis niños mientras mi marido trabajaba en otra ciudad y nunca leí ni un solo comentario sobre que Aritz había abandonado a sus hijos. Al contrario, él estaba trabajando para mantenerlos. Sin embargo, por cumplir el reto de participar tres meses en un programa de televisión yo era una pésima persona y una madre horrorosa. Eso es machismo.

Parece que cuando eres madre tienes que enterrar el resto de ti, que solo puedes ser madre.

Al entrar en *Gran Hermano* creo que fue la primera vez que me permití priorizarme por encima de mis hijos. Me fui de casa con bastante culpa y por eso me afectaron aún más los comentarios en los que me llamaban egoísta.

«Tratarnos como inválidas por estar embarazadas es una forma de discriminación.»

¿Qué te preocupaba más estando dentro?

Que mis hijos pensaran o sintieran que los estaba abandonando, al final acabas interiorizando algunos comentarios dañinos. Dentro del concurso convivían en mi cabeza dos pensamientos: «Estás siendo egoísta» con «Permítetelo por una vez».

¿Qué pesos emocionales sientes que has cargado o cargas por ser mujer?

Hoy me considero una privilegiada por sentirme realizada como mujer y madre. Pero no ha sido un camino fácil. Me quedé embarazada con diecinueve años de manera imprevista. Trabajaba en un restaurante y mis jefes estaban súper a gusto conmigo. Cuando iban a hacerme indefinida les comuniqué que estaba embarazada y me dijeron entonces que no me renovaban, que cuando tuviese el niño si quería volver me contrataban. Fue un impacto tremendo. Ahí me di cuenta de las barreras que tenemos las mujeres, fui consciente de lo desprotegidas que estamos. Al salir al mundo real y abandonar la burbuja en la que vivía con mi familia, descubrí que no todos tenemos las mismas oportunidades.

En alguna entrevista has confesado que la primera vez que verbalizaste «Estoy sobrepasada» fue cuando te quedaste embarazada de tus mellizas y ya tenías cuatro hijos. ¿Qué te sobrepasó?

Cuando me quedé embarazada de las mellizas, mi marido Aritz y yo llevábamos dos años viéndonos solo los fines de semana. Yo en Pamplona con los cuatro mayores y él en Madrid. Lo echaba mucho de menos en el día a día, tener alguien con quien desahogarte al final del día es primordial. El embarazo de las mellizas me creó muchas inseguridades, me desbordé y lo verbalicé: «No puedo con todo esto yo sola».

A veces parece que somos débiles si pedimos ayuda y creo que te puedes hacer mucho daño si no reconoces que estás viviendo una situación que te desborda.

Yo he aprendido a pedir ayuda. ¿Sabes qué me pasó con las mellizas? Que volví a ser primeriza porque ya era madre de cuatro hijos pero nunca antes de dos bebés a la vez y por suerte sí supe decir: «Hasta aquí, estos son mis límites». Ahora me está pasando lo mismo con Miren. Soy primeriza en tener un bebé prematuro y no pasa nada porque diga que estoy agobiada y tengo miedos, que estoy preocupada y no sé cómo voy a poder gestionar todo esto. Es muy importante decirlo, porque en cuanto empiezas a verbalizarlo, comienzas a recibir. Hay que manifestarlo.

Has declarado que te has sentido culpable porque Miren, tu séptima hija, ha nacido prematura, en la semana treinta y uno de gestación. ¿Culpable de qué, Verdeliss?

Con este parto prematuro me siento culpable por todo. Nada me preocupa más en este mundo que la salud de un hijo y, cuando está dentro de mí, depende al ciento por ciento de mí, por lo que, si algo no marcha bien, la responsabilidad es mía. Un 10 por ciento de los bebés nacen de forma prematura y de la gran mayoría se desconocen las causas. Por un lado, los médicos te dicen que ignoran el motivo que te lleva a romper aguas antes del séptimo mes, pero luego está esa parte emocional que, aunque conoce los datos objetivos, no sabe librarte de esa culpa. Me reprochaba no haber descansado más, pero, claro, tengo otros seis hijos y compromisos, y no he podido dejar de trabajar durante el embarazo. También me llegué a plantear si no me había pasado de valiente por entrar en *Gran Hermano*. Me tiré los primeros días llorando, era lo único que hacía.

Antes de que naciese.

Menos mal que me dejó doce días para prepararme. Ahora lo veo todo desde otra perspectiva, porque Miren ha pasado las complicaciones habituales de un bebé prematuro pero nada añadido. Doy gracias porque mi niña está bien.

Tú eres doula. ¿Has ejercido como tal?

Me formé para serlo pero nunca he ejercido como doula.

¿Ha cambiado tu perspectiva sobre las doulas al ser madre de un bebé prematuro?

Sé que el tema de las doulas es superpolémico, pero a mí me ha ayudado muchísimo. Me formé tras una mala experiencia cuando nació Julen, mi cuarto hijo. Ese parto fue idílico, rapidísimo, sin epidural, pero en ese nacimiento maravilloso me sentí hundida después de dar a luz. Médicamente, el parto fue perfecto, pero emocionalmente resultó un desastre. A Aritz no le dejaron entrar en el paritorio y yo me sentí mal porque estaba sola y también porque se le había robado el momento de ver nacer a su hijo. Esa experiencia me removió muchísimo por dentro e hizo que me diera cuenta de lo poco que se cuida la parte más emocional de la maternidad.
Mi forma de sanar todo aquel proceso fue documentarme, investigar e informarme, en especial, sobre la parte espiritual. Indagar en mis emociones me hizo más fuerte, me ayudó a superar todo aquello y a creer más en mí. De hecho, si ahora mismo le doy el pecho a Miren se lo debo a esa instrucción como doula porque yo tenía mis complejos y mis miedos con la lactancia materna.

¿Por qué?

Porque mi parte controladora me resultaba incompatible con dar el pecho. Siempre me asaltaba la duda: ¿cómo sé si está bien alimentado?, ¿cómo sabré qué cantidad toma si no puedo medir la leche que mama? Además, me parecía muy esclavo tener un bebé tan demandante de mi cuerpo durante tantos meses, esa dependencia me asustaba, no poder dar la talla me asustaba muchísimo.
Mi preparación como doula me enseñó que todas estamos

capacitadas, que luego está la opción libre de cada mujer, que yo estoy muy orgullosa de haber criado antes a biberón, pero esa formación me dio la libertad de decir «lo voy a intentar». ¡Fíjate si lo intenté que me lancé a hacerlo con las mellizas! Es bastante sacrificado. Las primeras semanas era solo dos tetas, pero conseguí darles el pecho hasta los dos años. Dentro de todo el esfuerzo que supone, lo he disfrutado una barbaridad. Esto es algo para lo que la naturaleza nos prepara, pero en mi caso yo misma me había puesto mi propia barrera.

Considero que el tema de la lactancia se utiliza de un modo terrible para clasificar a las madres: si das biberón, no eres tan buena madre como la que da el pecho, pero, cuidado, también estás bajo sospecha si mantienes la lactancia materna más allá de los seis meses.

Creo que está sobrevalorado lo de «dar lo mejor para tu hijo». Detrás de ese bebé también hay una madre y, si esa madre no está en su óptima condición física o mental, es imposible que dé nada. Está muy bien que la sociedad nos diga que la leche materna es lo idóneo para ese bebé, pero una vez leí una frase de Ibone Olza, psiquiatra infantil y perinatal, que a mí me caló muchísimo: «Dar el pecho no es lo mejor sino que es lo normal». Defiendo fervientemente que con cada hijo nace una nueva madre, porque ni son las mismas circunstancias ni te evoca los mismos sentimientos ese hijo ni estás en el mismo punto de tu vida.

¿Tú dirías que todos tus embarazos y partos han sido diferentes?

Yo he sido una madre diferente con cada uno de mis hijos. Creo también que cada vez me acerco más a la madre que quiero ser y con cada una de las maternidades he ido dejando mucho lastre atrás.

Soltando cargas.

Sí, sí. Ese mantra de «dar lo mejor para tu hijo» nos impide incluso disfrutar de ellos porque nos quedamos en un segundo plano en el que no nos valoramos nada. Y luego están las redes con sus juicios sumarísimos. Te contaba antes que nuestra popularidad en YouTube despegó con el nacimiento de Julen, impactó muchísimo el hecho de que yo compartiese el parto. A esa polémica se sumó que le di biberón: no puedes imaginar la cantidad de críticas que recibí por no darle el pecho. El mensaje que me lanzaban es que era una mala madre por darle el biberón. Existe un manual no escrito de cómo debe ser una madre ideal que nos hace perder todo el criterio. Si seguimos un dogma, perdemos el instinto que tenemos como madres, que es personal, único, exclusivo y va profundamente ligado al hijo que acabas de tener, que es algo que cambia con cada nuevo niño. Nos olvidamos de ser madres de verdad, somos productos de lo que se nos dice que tenemos que hacer. Encima, si nos desviamos de ese camino, vienen los juicios entre nosotras mismas.

«Yo he sido una madre diferente con cada uno de mis hijos. Creo también que cada vez me acerco más a la madre que quiero ser y con cada una de las maternidades he ido dejando mucho lastre atrás.»

Lo has descrito de maravilla.

Luego, cuando tuve a las mellizas, sí les di el pecho y todo eran alabanzas. No quiero ni críticas ni alabanzas, quiero que no se juzgue a ninguna madre. Cada maternidad debe ser asunto solo de cada madre, diría que ni de tu pareja. El tema de dar el pecho o de cómo quieres dar a luz corresponde a nuestro cuerpo y a nuestro papel de madre. Lo que viví con mis mellizas fue todo muy bonito hasta los seis meses, a partir de ahí dar el pecho era algo sucio, obsceno, una enfermedad, ahí también entra en valor el cómo se sexualiza el cuerpo de la mujer. ¿Y sabes qué hacía? Con Julen me provocaban mucho daño los comentarios, pero he aprendido a digerirlos. Cuantos más comentarios negativos leía, con mayor libertad compartía mis momentos de dar el pecho a mis hijas, porque era necesario romper esos clichés.

Tienes dos niños y cinco niñas. ¿Los educas igual?

No los educo igual porque ni son la misma persona ni han coincidido en el mismo momento vital. Con mi primer hijo tenía una filosofía de lo que significa educar muy de libro. Cuando lloraba por las noches, mi instinto de madre me hacía ir a la cuna, sacarlo, achucharlo y alimentarlo. Pero ahí estaba esa teoría que te decía que eso no estaba bien porque el niño se malacostumbra. Lo crie siguiendo mucho lo que leía y se volvió en mi contra. Mi consejo para una madre es: «No hagas ni caso de lo que te dicen, escúchate a ti misma». Con el primero lo viví así, con la segunda también, pero a partir de Laia, la tercera, me dije: «No estoy a gusto», así que empecé a dejarme llevar. Me tomé la maternidad sin tantas presiones, sin tantas exigencias, sin seguir manuales, y creo que ha sido lo mejor.

¿Serías capaz de definir qué tipo de madre has sido con cada uno de ellos?

Con mis primeros hijos he sido una madre directriz, con los siguientes una madre expectante. He pasado de intentar enseñar a aprender.

¿Cómo sobrevive una persona controladora con siete hijos? ¿Has aprendido a delegar?

Sí, claro. Con mi marido hacemos un equipo maravilloso con todos nuestros hijos. Nuestra casa es como una pequeña cooperativa, vas viendo que las cosas suceden. No hace falta que digamos los horarios que tiene que haber, ni la estructura, ni las tareas, ni las labores, ni los cuidados. Cuando hay un buen ambiente y ves que todo fluye porque todos estamos conformes con la organización, todo funciona.

¡Me parece tan difícil criar a siete hijos a la vez! Sé que tú lo vives con naturalidad, que has crecido en una familia igual de numerosa, pero a mí me parece impresionante.

A mí me parece más difícil criar a un solo hijo.

¿De verdad?

Con mi primer hijo, salía llorando del parque porque se había caído y se había hecho una heridita, y, seguramente, si me hubiera quedado con uno solo seguiría en ese estado de dramatización con todo. Pero con siete hijos o relativizas o no vives. Hay que despreocuparse y quitarse tantas cargas, al final todos se acaban criando bien y tirando para adelante. Con Aimar no disfrutaba nada, todo era un agobio continuo. Con la séptima, en vez de ir a casa histérica a desinfectarle la herida, le quitaré la arenilla de la pupa y le diré que siga jugando. Es otro concepto de vida, pero esto no te lo enseña tener un hijo, te lo enseña el día a día siendo tantos.

¿En qué aspectos crees que se nos exige más a nosotras que a los hombres?

Tenemos que ser perfectas y todoterreno. Se nos intenta aleccionar sobre que se ha avanzado muchísimo en el tema de la corresponsabilidad y no es así. En el modelo tradicional, la mujer se ocupaba de los hijos y la casa, y era solo el hombre el que salía a trabajar fuera. Ahora, nosotras nos desarrollamos profesionalmente también fuera, pero, al volver a casa, seguimos ocupándonos de las tareas domésticas. Nos estamos exigiendo demasiado porque asumimos que el trabajo del hogar es nuestra responsabilidad.

Los cuidados de niños y mayores siguen recayendo sobre todo en las mujeres.

¿Quién se coge una excedencia por el cuidado de un hijo? ¿Un padre o una madre?

Un hombre por cada nueve mujeres. Además, hay un porcentaje altísimo de mujeres que dejan de trabajar por no poder conciliar o que retroceden en sus carreras por pedir reducciones de jornada o excedencias.

Ahí hay un falso discurso de igualdad. Al final, la mujer tiene que elegir entre la madre y la profesional. Nos dicen que después de dar a luz hay que salir de casa para continuar desarrollándote laboralmente, aunque lo que nuestro cuerpo pide por naturaleza es estar con nuestros bebés. Y sí, ser madre penaliza laboralmente, pero si una mujer decide quedarse con sus hijos en casa también la tachan de querer volver al pleistoceno, y no es así. Se nos ha engañado también con ese discurso.

Si fueras la presidenta del gobierno y estuviese en tu mano el tema de las bajas de maternidad, ¿cuánto tiempo crees que tendrían que durar?

Antes de hablarte de la duración, te diré que estoy muy enfadada con la decisión de ampliar la baja de paternidad. El presupuesto asignado para este tema se destina a los hombres porque se dice que así se fomenta la igualdad, para que, entre otras cosas, la mujer no sufra discriminación laboral porque, para las empresas, al parecer, las madres somos caras y menos productivas. Dudo de que esta ampliación de la baja por paternidad mejore las condiciones laborales de las mujeres, pero lo que a mí me preocupa es cómo tenemos que gestionar nuestra incorporación al mundo laboral con bajas de cuatro meses y bebés lactantes a demanda. ¿Dónde queda el instinto de esa madre que quiere estar con ese hijo? Nos guste o no, en la biología humana hay un vínculo de apego entre madres e hijos que no se tiene igual con el padre. Me molesta mucho que se junten términos sobre lo que significa el machismo, la igualdad o la lucha contra la discriminación entre sexos que no son así. Yo esos dos meses los habría ampliado a la mujer.

En un mundo ideal, ¿qué semanas considerarías necesarias en una baja de maternidad?

Los dos primeros años de vida. Hay una teoría sobre apego y desapego que señala que es a partir de los veinticuatro meses cuando el ser humano empieza a estar lo bastante seguro de sí mismo como para lanzarse al mundo exterior. A esa edad ya se tiene la suficiente autonomía e independencia para despegarse de la figura de apego, que, obviamente, suele ser la madre.

> «Nos dicen que después de dar a luz hay que salir de casa para continuar desarrollándote laboralmente, aunque lo que nuestro cuerpo pide por naturaleza es estar con nuestros bebés.»

¿Quién es la mujer a la que más admiras?

Mi madre, claramente. Es una mujer superluchadora y entregada que ha dedicado toda su vida a los demás. Hoy en día es directora del instituto en el que empezó de profesora de educación física. Recuerdo cómo nos vestía a todo correr, nos llevaba al colegio, se iba a trabajar, volvía para recogernos, nos preparaba la comida... Además de criar a siete hijos y trabajar dentro y fuera de casa, se formó como jueza de atletismo. Era capaz de compatibilizar todo, su vida laboral, su vida personal, su pasión por el atletismo y siempre con una sonrisa en la cara. No la veías agobiada en ningún momento y eso me parece una virtud alucinante. Ella es, sin duda, mi gran referente.

Chenoa

Cantante, compositora, presentadora

«¿Y qué me pasa?
No soy la única mujer que no se casa.
Si tú me quieres,
Convénceme dentro de estas cuatro paredes.»

A mi manera

Chenoa

Mar del Plata, 1975

Cuenta la madre de Chenoa que su hija no dijo ni palabra hasta los tres años. Cuesta imaginar a la cantante en silencio tanto tiempo, pero así fue. Aquella niña de ojos risueños y marcados hoyuelos se dedicó a observar todo lo que sucedía en la casa de Mar del Plata en la que creció. Su hogar, tan humilde como especial, era además restaurante y hospedaje, por lo estuvo rodeada de gente muy variopinta durante su infancia. Sus abuelos, él vasco-navarro y ella libanesa, cocinaban y regentaban el restaurante. Sus padres eran músicos. En ese ambiente peculiar, con sabor a alfajor y dulces árabes, se criaron la pequeña María Laura Corradini y su hermano hasta que cruzaron el charco desde Argentina para instalarse junto con sus padres en Palma de Mallorca. Acá en España, Chenoa soñaba con vivir de la música mientras se preparaba para ser educadora infantil. Trabajaba de día en una guardería y cantaba de noche en el Casino de Palma. Cuando nadie podía prever el éxito monumental de *Operación Triunfo*, Chenoa se presentó al casting del programa que le cambiaría para siempre la vida. Era el año 2001, y tenía veinticinco años. Dentro de la Academia y sobre el escenario del plató, Chenoa mostró sus cartas desde el principio: proyectó unas tablas y una seguridad en sí misma que a nadie pasaron desapercibidas, ni a la audiencia, ni al jurado. Pronto descubrió que ese perfil en una mujer hay quien lo siente como una amenaza, pero dejar de brillar para calmar inseguridades ajenas no va con ella.

Chenoa ha vendido más de un millón de copias, por lo que cuenta con nueve discos de platino y dos de oro. Además de cantante es compositora y tras varios contratos con discográficas internacionales compró su carta de libertad artística al crear su propio sello musical. Chenoa triunfa en la música pero también en televisión, medio en el que se dio a conocer hace casi dos décadas.

Su éxito y su mérito profesional son incuestionables, pero muy a su pesar el interés mediático sobre ella recae, sobre todo, en sus relaciones personales. El salto a la fama de Chenoa llegó de la mano de su historia de amor retransmitida a todo el país con David Bisbal, su compañero de Academia y su pareja durante más de tres años. Juntos vivieron una telenovela con todos los ingredientes para ser infinita, con varios actos entre los que destacan la mítica escena del chándal y la famosa cobra, polémicas que Chenoa ha sabido desdramatizar y combatir a través de camisetas y anuncios de compañías de telefonía móvil.

La vida sentimental de Chenoa ha sido escrutada como ninguna otra. Con cuarenta y cuatro años, ser soltera y sin hijos se descarta como opción voluntaria: solo puede tratarse de una condena, de un estrepitoso fracaso. Por suerte para ella, Laura ha aprendido a tomar distancia de lo que dicen de Chenoa, ella ya sabe bien que la felicidad no se encuentra exclusivamente en una pareja o en la maternidad o en vender muchos discos. El éxito personal no consiste en cumplir con la hoja de ruta que los demás han trazado para ti. Ella sabe que no hay peor soledad que la que se siente acompañada, por ello lo que más valora es lo que más grande la hace sentir: ser una mujer libre.

Proyectas una imagen muy fuerte, muy segura de ti misma. ¿Las mujeres como tú os libráis de sufrir cargas emocionales?

No, las soporto igualmente, pero sin dramas de ningún tipo. Me considero muy amazona, muy peleona, forma parte de mi naturaleza ponerme la coraza y lanzarme a la lucha. Como mujer, sufro desigualdad en el perfil. Si mi forma de ser es muy potente o soy muy elevada en mi tono de voz, en mi personalidad, en mi convicción, en mis principios éticos, en mi moralidad..., pues se critica mucho más que en un hombre. Es más, mi actitud se considera masculina, por lo que se me presenta como una mujer más «testosterónica». A mí eso me molesta porque soy igual de femenina solo que con muchísimo más *power*.

¿Cuándo fuiste consciente de que tener carácter se cobraba peajes?

Creo que dentro de la misma Academia de Operación Triunfo con la reacción del público. Por entonces, no había redes sociales pero el mensaje que me llegaba es que nos empezaban a clasificar. Siempre era lo mismo. Sin embargo, también era muy responsable de mi actitud, me conozco bien. Como mujer, es fundamental saber quién eres y, a partir de ahí, defender tu manera de ser o doblegarte para llegar a un determinado lugar. Hay caminos más fáciles, lo sabemos todas.

Como mujer con carácter, me identifico mucho contigo. Me encanta el «chenoísmo» como bandera de un tipo de mujer muy menospreciado. Tener mucha personalidad o ser intensa siempre es considerado como algo negativo, que solo resta.

En la mujer, tener carácter se cataloga como algo malo. Se dice «¡Qué carácter!» en sentido despectivo. Sin embargo, para mí, tener carácter significa que no te voy a dejar tirada si me necesitas, si te estás peleando yo voy a estar a tu lado, eso es tener carácter. Aunque te equivoques, me voy a quedar a tu lado igual, en la intimidad te diré cinco cosas pero ahí estaré.

Has declarado que subirte a unos tacones te da actitud. ¿Qué otras cosas te ayudan a tener un extra de actitud?

Las chaquetas de cuero, por el rock and roll. Siempre digo que soy popera pero rockera de mente. El rock and roll es eterno y atemporal. La chupa de cuero tampoco muere nunca. Te pones un buen tacón y una chupa y te lanzas a atacar.

¿Y alguna vez cuándo te bajas del tacón y te quitas la chupa te han entrado ganas de no ser tan fuerte? ¿Te has cansado alguna vez de ser como eres?

Claro, de eso trata la evolución. Evidentemente, no soy la misma que diez o veinte años atrás. Valoro a esa Chenoa porque tomó sus decisiones con las herramientas que tenía y ahora soy otra persona diferente. Pero también me aplaudo porque soy el resultado de todas esas decisiones. Soy todo lo bueno y todo lo malo, y cuando estoy agotada, estoy agotada como cualquiera. Además, dime de qué presumes y te diré de qué careces: me considero supersensible. Recuerdo que un día me dijo Mónica Naranjo: «Ya te he pillado, eres supersensible». Esa es la razón por la que me protejo.

¿La fortaleza que proyectas es realmente una coraza?

Sí, es una coraza maravillosa porque la necesito y agradezco tenerla. Me muevo en un mundo muy especial, muy mágico, muy bonito, pero que también tiene unos puntos que me pueden hacer muchísimo daño. No es que esté en guerra pero casi.

¿Consideras que en la música se vive el mismo machismo que en el resto de la sociedad?

Sí, es clamoroso en algunas cosas. El perfil de fan en España es mujer, por lo que las que consumen música son ellas y suelen tirar más hacia los chicos. Entonces, si tú tienes una discográfica y antepones el producto a la persona, lo que valoras es que un chico te

va a rendir más que una mujer. ¿Es machismo? Sí, pero desde hace años. ¿Que no lo quieren ver? Me parece bien, pero, en una entrega de premios, si hay catorce galardones, diez son para tíos y nadie dice nada. A veces, alucino.

Me parece importantísimo que reivindiques esto, hay un enorme silencio al respecto.

Nadie dice nada, ni siquiera el público. Lo ven normal y no lo es. Creo que el reconocimiento debería ser equitativo. Si queremos hablar de igualdad, empecemos por las palmadas en la espalda. Por otra parte, todo en mi mundo es muy masculino. El 90 por ciento de mi equipo en la gira son hombres, la única chica soy yo, quitando alguna corista. En las reuniones de la discográfica era igual pero enseguida monté mi oficina e intenté tirar para adelante, que no es fácil. Ser independiente te resta oportunidades pero yo lo tenía muy claro.

¿Qué más desigualdades te gustaría denunciar del mundo de la música? ¿Qué más cosas pasan de las que no se habla?

Pocas, creo que pocas. Nunca he ido con la bandera de feminista, no por nada, sino porque lo trabajo cada día. Mi feminismo va por gestos diarios, no por uno concreto una vez al año. Eso es el feminismo. Soy persona antes que artista. Es que se me ve, es mi energía. Soy energéticamente feminista pero no necesito estar todo el día diciendo que lo soy. También considero que hay tíos que son maravillosos y son pro nosotras, nos ayudan y nos cuidan, empezando por mi padre y mi hermano.

El feminismo defiende la igualdad no la supremacía.

A veces me parece un machaque excesivo y sin argumentar. También hay que dejar que hablen ellos, que expongan su punto de vista y nos digan cómo lo ven porque igual a partir de esa información podemos cambiar algo. Si no los dejamos hablar, nos cargaremos el diálogo que tanto necesitamos entre ellos y nosotras.

¿Cuándo fuiste consciente de que eras feminista, aunque no necesites llevar ninguna bandera?

Desde los dieciséis años. Soy muy amiga de las mujeres, me gusta mucho ser amiga de las chicas, en todas encuentro algo que me gusta. Es raro que una tía me caiga mal, hasta me entran ganas de hablar con las que se meten conmigo en las redes. Tengo muchas fans mujeres, creo que son un 65 por ciento. Eso es muy guay. Y quiere decir que el mensaje que estoy dando es chulo y necesitan escucharlo. Nunca he ido de una cosa que no soy, nunca he ido de supermegaguapa porque tampoco creo que lo sea, pienso que tengo otras cosas más interesantes.

> «Nunca he ido con la bandera de feminista, no por nada, sino porque lo trabajo cada día. Mi feminismo va por gestos diarios, no por uno concreto una vez al año. Eso es el feminismo. Soy persona antes que artista.»

¿Qué otras cosas interesantes tienes?

Me encanta echarle mucho humor a la vida porque creo que con ironía los mensajes llegan mucho mejor, es algo que he aprendido ahora. Antes era más agresiva y en mis entrevistas por escrito todo quedaba mucho más potente. Cuando evolucionas, buscas vías por las que el mensaje llegue muchísimo mejor. Con treinta y cinco años, saqué un disco y me dije a mí misma que iba a esforzarme por ser superamable y supermaja. ¿Sabes qué me pasó? Pues que me salieron eccemas en las piernas, en las manos y los pies.

Por contenerte, ¿no?

Claro. Fue psicosomático. El médico me mandaba pomadas con corticoides y me decía: «Algo estás haciendo mal», y no caía. Después lo pensé y le dije: «ya lo sé» [se ríe]. Estaba siendo superamable, muy maja todo el rato y no es que no sea así, pero no lo soy todo el rato: si no lo siento, no me sale. La felicidad veinticuatro horas no existe.

Tu single *A mi manera* comienza así: «¿Y qué me pasa? No soy la única mujer que no se casa». Qué presión con el tema de la soltería antes y después de los cuarenta... a famosas y anónimas.

Así es. En el videoclip aparecen cuarenta mujeres diversas que se aprendieron enseguida la letra de la canción y la actitud de ellas fue lo más. Se agigantaron, me mola eso. Todo evoluciona, incluso la idealización del matrimonio. Es verdad que conmigo hay una historia muy telenovelesca desde el principio de salir de la Academia. Me han otorgado el papel de «la pobre y la fuerte», ese es mi rol. Creo que a parte del público le gusta verme caer y levantarme, es una cosa muy extraña... pero bueno [ríe]. Para poder mantener el equilibrio tengo que disociar a Laura de Chenoa, dar un paso atrás y observarla, escuchar qué es lo que dicen de ella. Entonces, viéndome desde fuera, entiendo que lo que ellos pretendían es que yo rehiciera mi vida, que tuviera hijos y tal. La foto que tenía de mi vida en el año 2000 era la de cuando vas a comprar los muebles: el pastor alemán, la familia con la casa detrás, todo ideal, la foto que viene con el portarretratos. Esa foto mola, me habría gustado y seguro que en algún momento he tenido esa ilusión a tope, pero creo que aquí cada uno tiene una misión y yo soy restauradora. Me dedico a restaurar y ha funcionado, no he salido tan perjudicada como pensaba ni como la gente cree. Eso es importante, mi conclusión, mi fin, es que en 2019 sea capaz de decirte esto. Al principio lo pasé medio mal pero al final me he vuelto experta en restaurar. Soy muy amiga de mis ex porque pasado un tiempo la gente viene, se toma un café y me reconocen lo buena restauradora que he sido. Nunca he puesto en un brete a ninguna pareja mía. Nunca he dicho: «Quiero ser madre, vamos a tener un hijo». No, es un consenso y no se ha dado. De hecho, nadie tiene la culpa, ni el que estaba, ni yo, ni el que se fue con otra. Nadie tiene culpa de nada, son circunstancias y ahí está la clave, en cómo se gestionan, qué herramientas necesitamos para gestionar las situaciones y salir de ellas. Todo es aprendizaje constante, hasta de lo peor se aprende más.

¿Has sentido también presión por parte de tu entorno más cercano con el tema de tener o no pareja?

A mi madre le preocupa mucho mi punto de soledad cuando estoy sin pareja. No quiere que esté sola, y la entiendo, pero creo que también ella lo va comprendiendo. No tiene que preocuparse, puede estar tranquila, no pasa nada. Estoy preparada para estar sola, no me siento infeliz. Las madres generalmente no es que sean machistas, pero sí que pretenden de alguna forma que llenemos los vacíos emocionales que podamos tener. Se sienten más tranquilas si compartimos la vida con una persona, pero más por la soledad, por tener el calor de alguien al llegar a casa.

Reivindicas la felicidad de la soltería y también protestas contra las preguntas sexistas en los *photocalls* y alfombras rojas. Brava.

Las preguntas suelen ser sobre cuánto he tardado en arreglarme, de quién es el vestido que llevo, de quién los zapatos, si estoy sola, qué cómo estoy del corazón... Nada más. Intento meter alguna cuña de mi trabajo tipo: «El vestido bien, me lo he puesto mientras sonaba mi canción *A mi manera*». No saben qué he hecho o qué estoy haciendo. A no ser que me vean en la tele no tienen mucha idea de en qué estoy metida.

¿Eso te frustra?

Me da igual, ya me da igual. Sé dónde estoy y me río, ni siquiera voy de mala leche a los eventos. Antes sí me pasaba, se me veía en la cara, pero ahora ya no. Son muchos años conociendo quién está detrás de las cámaras, por qué están y lo que necesitan. Luego ves que viene un compañero artista y le dicen: «No paramos de escuchar tu canción». Hombre, es un poquito llamativo.

Me he negado a contestar a la pregunta de si voy a volver a ser madre.

Ah, qué guay, esa la hacen mucho. A mí me lo preguntaban incluso en una época en la que igual sí quería y no podía. He tenido problemas ginecológicos muy serios como endometriosis, principio de cáncer de útero, quistes... De hecho, estoy operada dos veces por laparoscopia. En momentos como esos, he tenido que pasar por el trago de que me preguntasen si no quería ser madre. Vamos a ver, es que ni te voy a contestar, sería tan extensa la respuesta a tu pregunta impertinente de *photocall* que no tendríamos ni tiempo. En ese aspecto, soy muy empática con la que consigue ser mamá, pues tengo muchas amigas que ahora han sido madres y me emociona porque sé lo que les ha costado, lo que han sufrido, lo que han llorado, la presión por la que han pasado porque todo el mundo les preguntaba que para cuándo un bebé... Hay muchas mujeres que esconden tras una sonrisa mucho sufrimiento por no lograr ser madres.

Si lo intentas y no lo consigues, eres una fracasada; y si renuncias a ser madre voluntariamente, eres, como mínimo, una mala persona. Basta ya de juzgarnos.

Lo que no se reconoce es el acto de responsabilidad de algunas mujeres al decidir no tener hijos porque sus carreras profesionales les impedirían criarlos como ellas consideran oportuno. Nadie aplaude que se sea responsable sin olvidar que ser madre es una opción, no una obligación. Si valoro que tengo un año en el que voy a reventar por trabajo y que he de aprovechar por mil cosas, debo renunciar evidentemente a la maternidad, porque, como educadora que soy, sé perfectamente las necesidades que tienen los bebés de pasar tiempo con sus madres.

¿Tú has renunciado a cosas por ser Chenoa y tener tu carrera profesional?

Sí, claro. Mentiría si te dijera que no y, además, sí lo he sentido como una renuncia. No es la palabra, es el sentimiento de renuncia. Pero he sido siempre muy positiva, creo que ser positivo es muy importante.

Hablemos ahora de los medios de comunicación, por ejemplo, los rankings con titulares como «Las solteronas» versus «Los solteros de oro».

Bueno, eso ya es de cavernícola. Los medios de comunicación son directamente trogloditas y encima nosotras lo compramos. Pero qué puta vergüenza: ¿me vas a poner una lista de diez tíos que molan y diez tías que no con la misma situación? Espero que vayan con un poco más de ojo, es vergonzoso.

Como esa frase terrible: «Chenoa no ha tenido suerte en el amor». ¿No te entran unas ganas tremendas de contestar: «¿Y tú qué sabrás?».

Es que además la frase tiene una coletilla para compensar: «Chenoa no ha tenido suerte en el amor pero le va muy bien en el trabajo». Ah claro: si me va muy bien en el trabajo, en el amor me tiene que ir mal. Siempre tienen que buscar algo que no me vaya bien o que al menos a ellos les parece que no me va bien porque yo hace mucho que no hablo de mis relaciones. Pero «la fracasada en el amor» no, por favor. Pero no solo se les va la mano con ese tema. Hace unos once años, leí un titular que me mató. Salía una foto mía horrible agarrando a mi perra con un pantalón que se me ajustaba un poco y decían algo así como: «El fracaso y la decadencia con celulitis». Al leerlo me dije: «Hostia, si no soy fuerte, vamos mal, me mandan al psicólogo». Pero, vamos, que voy al psicólogo igualmente, soy una fan absoluta de hacer terapia. La gente debería ir más. Hacerte un reseteo cada dos meses viene bien. Me chocó aquel titular tan potente, sobre todo porque también pensaba en la gente que ve en mí a alguien en quien le gusta mirarse.

Imagínate que ese titular lo llegas a leer con dieciocho o diecinueve años.

Hombre, pues ya está, desarreglo hormonal, desarreglo alimenticio, olvídate... A esas edades no estás formada, no tienes las herramientas para capear una cosa así, es algo que no sabes controlar, no habría sabido digerirlo. Alabemos a Kim Kardashian, alabemos a JLO, alabemos a Nicki Minaj, alabemos a las *curvys*. Pero claro, sin entender por *curvy* al nuevo ángel de Victoria's Secret, que la etiquetan como mujer con curvas con 55 kilos y 1,75 metros de altura, esto es muy duro. Y ojo, que también existen mujeres con naturaleza delgada que sufren, yo tengo amigas mías que se quejan de que yo hable siempre de mi tendencia a engordar porque a ellas les pasa lo contrario. Todo el rato nos ponen en juicio por nuestro físico, hay muchos tipos de mujeres y todas están bien. Yo quiero pensar que hay muchos tipos de hombres a los que les gustan muchos tipos de mujeres.

¿Cómo gestionas ahora con cuarenta y cuatro años la presión por el aspecto físico?

Me he cuidado siempre porque considero que estar más o menos bien forma parte de mi trabajo y cuando lo aceptas es más fácil. También hay épocas en las que se lleva peor y la tele, por ejemplo, es mucho más cruel. En televisión enseguida se pilla todo, es una exposición en la que se nota todo más. Si no te has ido amueblando la cabeza como toca, llegas a los cuarenta o los cincuenta con un desequilibrio mental muy potente, no entiendes por qué las cosas se van cayendo ni asumes que es un proceso natural. El mensaje que se da siempre es que la vejez es como una enfermedad: «Mira qué bien está con cuarenta y cuatro». ¿En serio? He llegado a los cuarenta y cuatro años como he llegado: estoy viva, estoy sana, igual no tengo el aspecto de una chica de veinte, pero es que no debo tener un aspecto de veinte con cuarenta y cuatro. Es irreal y eso que tengo la ventaja de contar con una genética ideal, el mestizaje es lo que tiene, que tengo mezcladas sangres italianas, libanesas, navarras...

«Hay muchos tipos de mujeres y todas están bien. Yo quiero pensar que hay muchos tipos de hombres a los que les gustan muchos tipos de mujeres.»

Tu carrera musical comenzó en un programa de televisión y llevas años trabajando en televisión sin dejar la música.

Mi madre siempre me ha dicho: «Una mujer se hace mayor cuando no tiene brillo en los ojos, cuando nada le hace ilusión». Por eso siempre pruebo cosas nuevas. Al empezar en la tele la gente decía: «Ahora, como no canta, va a hacer tele», y yo pensaba: «No, perdona, yo quiero hacer tele porque me mola». La tele me divierte y mi curiosidad me ha sacado de mi zona de confort. He aprendido muchísimo, por ejemplo, a usar el *teleprompter*. Por mi perfeccionismo y autoexigencia he llegado a salir llorando del plató por cómo lo leía. A mí la tele me ha dado mucho, me parece divertidísima, me encanta la publicidad, por ejemplo. Me fijo mucho en qué anuncios ponen después de los programas para ver a qué público van dirigidos. Por ejemplo, los coches en la publi: ahora se ve a más mujeres llevando un coche guay, pero antes éramos siempre los copilotos o las que paseábamos en biquini y enseñábamos el coche. Pero todavía queda mucho por hacer, como con los anuncios de cremas anticelulíticas con modelos que son casi niñas y sin gota de celulitis. Eso es una vergüenza. O que solo aparezcan tías anunciado productos dietéticos. Es como el tema de ser feliz cuando estoy con la regla, ¡déjame en paz! Es que no me voy a poner una compresa y ser más feliz, no me digas eso, en serio. Seamos realistas con la mujer también.

Creo que una de tus grandezas es cómo has enfrentado públicamente situaciones a las que has dado la vuelta y en lugar de dramas has creado eslóganes llenos de ironía. En vez de mostrarte destruida, te presentas empoderada: «¿Tu compañía te cobra o no te cobra?». Es genial.

Para mí, mi jugada maestra para demostrar de qué pasta estoy hecha fue ese spot de Amena. De hecho, me llamaron con cierto respeto por la situación y a mí me pareció maravilloso. Me bastaron dos tomas. «¿Tu compañía te cobra o no te cobra?». Lo más grande que ha parido madre.

¿La frase es tuya?

No, cuando me la dijeron lloraba de la risa. Estaban impactados por mi reacción y les expliqué que ese eslogan era muy importante para mí, habían encontrado la salida que necesitaba porque no había podido luchar contra el Goliat que se formó con ese tiro de cámara que no mostraba la realidad. A pesar de la avalancha, estaba tranquila porque quien me conoce sabe perfectamente que no entro en improvisaciones, eso es fundamental. No improviso. Nunca.

«Si no te has ido amueblando la cabeza como toca, llegas a los cuarenta o los cincuenta con un desequilibrio mental muy potente, no entiendes por qué las cosas se van cayendo ni asumes que es un proceso natural. El mensaje que se da siempre es que la vejez es como una enfermedad: "Mira qué bien está con cuarenta y cuatro". ¿En serio?»

Y menos sabiendo la atención que ibais a tener en ese momento.

Claro, iba a estar todo tan analizado, son cinco millones de espectadores, ¿tú te crees que yo estoy para hacer esas chorradas de adolescente? No, además, si yo lo hago, te agarro, no soy sutil, la sutileza conmigo no va. Soy intensa, si tengo que hacerlo porque me pega un *flus,* te agarro y te planto un beso y no te salvas. Eso va en mí, entonces la gente que me conoce lo tiene claro. Pensé que iba a ser como lo del chándal y lo dejé pasar, no iba a pelear. Pero cuando me lo propusieron lo vi clarísimo y luego saqué mi línea de camisetas con el lema «La vida cobra sentido». Otra maravilla.

Y también te has reído públicamente de tu icónica escena en chándal.

Es que he sacado camisetas con el mensaje: «Yo en chándal no salgo más». Esa es una imagen mía que me ponen cada año, siempre sale.

Cuando me veo me entran ganas de ir a buscarme y darme un achuchón, pobrecita mía de mi vida y de mi corazón, con esa nariz roja, esos ojos de no sobar, ese color gris, que no podía haber escogido un color mejor. Estaba yo color oliva y todo gris.

Y la coleta.

¡Esa coleta! O sea, por favor, ¿me lo puedes explicar?

Todas fuimos Chenoa en ese momento, todas.

[Se ríe] Pobrecita mía, toda destrozada. Y encima salí con un mensaje como supercompungida pero muy respetuosa. En ningún momento estuve rabiosa, fui lo más, fui muy generosa. Estaban todos abajo y yo dije: «No me voy a maquillar para bajar». ¿Para qué me iba a maquillar? Y bajé.

Claro, para que se te corriera el rímel no te ibas a maquillar.

[Se ríe] ¡Qué maravilla!

Tú imagínate que ahora te dejo un teléfono y puedes llamar a esa Chenoa en ese momento: ¿qué le dirías?

Le diría que no deje de intentarlo y que pase lo que pase «Todo irá bien», como mi canción. (Mirar en ti / lo bueno que hay / es especial. / No olvides que / tú vales más / que el «qué dirán». / Así que.../ Tengo razones para entenderte. / Tengo maneras de darte suerte. / Tengo mil formas de decirte que sé / que todo irá bien.)

Todas las mujeres empatizamos contigo con ese momento chándal, pura sororidad. ¿Qué es para ti ese sentimiento?

Mis amigas son mis chicas. Mis compañeras de *Operación Triunfo* son mis pollitos. Con Gisela tengo una relación muy especial. Natalia es a la que cuido desde que me la encontré en el casting con dieciocho años porque era una cachorrito. Nuria Fergó es otra mujer a la que amo. Para mí, la sororidad es comprender y empatizar con amigas que han sido mamás ahora y me dicen: «Es que llevo un año sin verte», y yo les digo: «Aquí estoy, no me voy a mover». Mi discurso sigue siendo el mismo: «No te preocupes, da el pecho las horas que tengas que darlo, anúlame las citas, no me enfado». Soy una tía que se enfada muy poco, mucho menos de lo que la gente piensa, pero tengo mucha intensidad en mi vida y eso me gusta, no me la va a quitar nadie. Te cojo de la mano, te beso en medio de la calle pero me da lo mismo. A veces quiero enseñar los pechos de tanta ilusión que me hace la vida, me encantaría hacer un guaraná cuando veo un paparazzi y decirle: «¡Mira las tetas! ¡Tengo pechos!».

¡Soy una amazona!

Claro, por eso soy muy fan de la Madonna que provoca y provoca. Yo soy más de la época de Madonna que de la de Lady Gaga. La suya fue una época todavía mucho más dura y ella era heavy. Le daba igual todo, se acostaba con tías, no le importaba nada, totalmente libre. Pura provocación. Eso es una maravilla.

«Le diría que no deje de intentarlo y que pase lo que pase "Todo irá bien", como mi canción: Mirar en ti / lo bueno que hay / es especial. / No olvides que / tú vales más / que el "qué dirán". / Así que.../ Tengo razones para entenderte. / Tengo maneras de darte suerte. / Tengo mil formas de decirte que sé / que todo irá bien.»

Agradecimientos

En primer lugar quiero agradecer a mi editora Teresa Petit su sostén y tutela en todo este sinuoso camino. Y por supuesto su empeño en que este libro viese la luz. A ver qué nos depara nuestro segundo hijo, amiga.

Hablemos de nosotras es el fruto de muchos meses de sudor y esfuerzo en los que no he estado sola; de hecho, he tenido el mejor de los compañeros de viaje. Gracias, querido David Insua, por tu trabajo incansable, tu paciencia infinita y tu empatía con las mujeres. Este libro también es tuyo.

Las entrevistas de *Hablemos de nosotras* han sido posibles gracias a la colaboración de muchas personas, entre las que destacan: Raquel Artiles, del equipo de Comunicación de la Fundación Vicente Ferrer; Marta Pérez Dorao, presidenta de Inspiring Girls España; Sonia Ferruz, de Comunicación de Inspiring Girls España; y Sebastián Corradini, manager de Chenoa.

Quiero dar también las gracias a todas las personas que han aceptado charlar de nosotras y no aparecen en este libro pero que tienen mi palabra de que me emplearé a fondo para que también se escuche su voz, quién sabe si en una segunda parte de *Hablemos de nosotras*. Ojalá.

No quiero olvidarme tampoco de las personas que me dijeron que no querían participar en el libro pero me confirmaron lo necesario que era hablar de nosotras sin prejuicios ni miedo al qué dirán.

Y por último, gracias siempre a mi familia, sin su apoyo, amor y comprensión, jamás podría haber escrito este libro. Os quiero.

Junto a mi compañero en este libro, David Insua,
en la última manifestación del 8M.

Abrazada a mi madre, rodeadas de sororidad en el 8M 2019.

Fuentes de las cifras del machismo en España

- Informe CEOE sobre la brecha salarial
- III Informe anual del Fondo de Becas Fiscal Soledad Cazorla Prieto, Fundación Mujeres
- Informe Fundación ADECO «¿Qué quieres ser de mayor?»
- Instituto de la Mujer
- Consejo General del Poder Judicial
- Informe del Foro Económico Mundial sobre Igualdad de Género
- Mujer y conciliación datos del INE
- Análisis de memorias anuales de entidades públicas realizado por *El Diario.es*